AF257537

167
954

PETITE BIBLIOTHÈQUE
DE LA
...SSION D'ACTION MORALE ET SOCIALE

L'ASSISTANCE
PAR LA TERRE

COLONIES AGRICOLES ET JARDINS OUVRIERS

PAR

Maurice LICHTENBERGER

Rapport

présenté le 26 avril à la Commission d'action morale et sociale

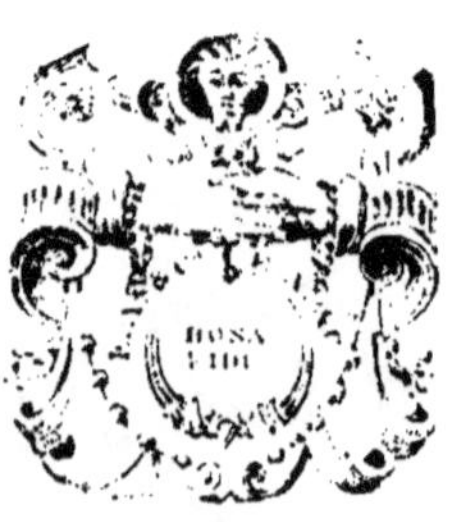

VALS-LES-BAINS
IMPRIMERIE-LIBRAIRIE E. ABERLEN ET Cⁱᵉ
1904

PETITE BIBLIOTHÈQUE

DE LA

COMMISSION D'ACTION MORALE ET SOCIALE

L'ASSISTANCE
PAR LA TERRE

COLONIES AGRICOLES ET JARDINS OUVRIERS

PAR

Maurice LICHTENBERGER

Rapport

présenté le 26 avril à la Commission d'action morale et sociale

VALS-LES-BAINS

IMPRIMERIE - LIBRAIRIE E. ABERLEN ET Cⁱᵉ

—

1904

L'ASSISTANCE PAR LA TERRE

COLONIES AGRICOLES ET JARDINS OUVRIERS

Nous ne prétendons pas apporter à la Commission des « sans-travail » une étude des Colonies agricoles faite de première main, après enquête sur place. Une telle étude, fort intéressante, a été présentée au Congrès de Bordeaux de 1903, par M. Louis Rivière, que sa haute compétence désignait tout spécialement pour cette tâche.

M. le professeur Gide, dans son rapport sur les « sans-travail, » lu à la Commission le 10 décembre dernier, fait observer que la Colonie agricole constitue, en théorie du moins, le meilleur mode d'assistance par le travail, parce qu'à l'exclusion des autres travaux, le travail agricole crée des richesses nouvelles sans déloger d'autres travailleurs, alors surtout qu'il s'emploie à défricher des terres incultes. Tout en marquant les difficultés de l'entreprise, M. Gide ajoute qu'on pourrait essayer de créer en France une colonie agricole protestante, en commençant par y recevoir les « sans-travail » les plus dignes d'intérêt, c'est-à-dire les ouvriers âgés.

C'est pour essayer de répondre à cette suggestion que nous avons réuni, dans les trois chapitres de cette étude, quelques observations en cherchant : 1º à caractériser, d'après les enquêtes déjà faites, les principaux types de colonies et jardins d'assistance créés à l'Étranger ; 2º à décrire les très rares essais de colonisation faits en France et le développement plus important et tout récent des *Jardins ouvriers*, forme d'assistance par la terre qui paraît devoir mieux s'acclimater chez nous que les Colonies agricoles proprement dites ; 3º à définir d'après quelques travaux récents, les conditions qui paraissent nécessaires à réaliser pour l'établissement d'une colonie d'assistance protestante répondant au programme indiqué par M. Gide.

I

COLONIES ÉTRANGÈRES

Il y a près d'un siècle qu'en France on écrit et qu'on parle sur ce sujet : les Colonies agricoles. Peu après la chûte du Premier Empire, deux préfets de la Gironde, M. de Tournon, puis M. d'Haussey, demandent déjà la création de Colonies agricoles pour mettre en valeur le pays des Landes. Après la Révolution de Juillet, M. de Pommeuse, ancien député, propose la mise en culture des biens communaux improductifs par des Colonies agricoles destinées à procurer du travail aux indigents. Un peu plus tard, en 1834, M. de Morogue, membre de l'Institut, publie un projet relatif à la création d'un vaste réseau de Colonies agricoles, exigeant un budget de 391 millions de francs, qu'il propose de mettre à la charge de l'État. A coté des Colonies agricoles il est partisan de la création de Colonies horticoles destinées à accroître la production potagère aux environs des villes, en occupant leurs artisans sans travail. L'idée est donc ancienne, puisqu'elle date au moins de 1834.

L'étude des Colonies agricoles d'assistance fait, en 1851, l'objet d'un rapport de MM. Lurieu et Romand, inspecteurs généraux des établissements de bienfaisance. Après la guerre de 1870, d'autres soucis nous préoccupent et on ne parle plus des Colonies agricoles. En 1887, M. le pasteur Robin, reprenant la question, lui consacre un chapitre de son beau livre : *Hospitalité et Travail*. La même année, M. Louis Legrand, fait à l'Académie des Sciences morales et politiques une communication sur les Colonies agricoles néerlandaises.

En 1891, M. Georges Berry, présente au Conseil général de la Seine un rapport sur les Colonies agricoles à l'étranger, concluant à la création d'une colonie à la Chalmelle. En 1892, M. Fuster écrit un article dans la *Revue d'économie politique*, sur les questions d'assistance par le travail en Allemagne et sur les Colonies agricoles allemandes, faisant ressortir le remarquable développement de ces dernières, qui contraste avec l'indifférence persistante en France pour ce mode d'assistance. En 1897, M. Guillaume Beer étudie les Colonies ouvrières en Belgique et en Hollande dans son livre sur l'Assistance par le travail agricole. En 1902, M. L. Rivière fait paraître dans le *Correspondant* une étude importante et d'une attrayante lecture sur les Colonies agricoles et industrielles aux Pays-Bas et en Allemagne. En 1903, au Congrès d'assistance de Bordeaux, plusieurs rapports de M. Georges Coulon, L. Rivière, Georges Picot, Cheysson, traitent de la question du mode d'assistance par les Colonies agricoles ou les Jardins ouvriers. La question du travail des valides âgés a été en outre mise à l'étude depuis trois ans par le Comité central des œuvres d'assistance. En octobre 1903, le Congrès des Jardins ouvriers, organisé par l'abbé Lemire, fait ressortir leur beau développement en France dans ces dernières années. M. L. Rivière traite le même sujet cette année dans son livre : *La Terre et l'Atelier*.

En Allemagne de nombreux écrits étudient les Colonies agricoles. Ils se bornent pour la plupart à faire l'histoire et la statistique de choses créées, d'expériences faites, d'entreprises dont beaucoup sont en pleine prospérité. On peut citer d'abord la publication de Wanderer (1885-1902); les ouvrages du docteur Berthold : *Die deutschen Arbeiterkolonien* (1882-1895); l'ouvrage de M. de Bodelschwing : *Wie kann für die Wanderbevölkerung unserer Grosstædte gesorgt werden?* (1889). En 1900, le catalogue des œuvres de salut social allemand à l'Exposition universelle donne un aperçu des Colonies agricoles. Parmi les ouvrages de langue anglaise, il faut citer celui de Mlle Julie Sutter (Londres, 1901), et le *Bulletin of Labor*, de septembre 1903, qui publie une étude de M. le Commandant Booth-Tucker sur les *Colonies fermières de l'Armée du Salut*, destinées aux familles sans travail.

Nous renvoyons à ces divers travaux pour l'étude détaillée des Colonies agricoles et des Jardins ouvriers existants à l'étranger. Nous nous bornerons à un court résumé historique des œuvres allemandes, néerlandaises, belges, danoises, nord-américaines, nous efforçant d'en retenir seulement quelques traits caractéristiques.

COLONIES ALLEMANDES

En 1878, par suite d'une crise industrielle, on comptait en Allemagne 150 à 200.000 « sans-travail » cheminant sur les routes. Pour leur faciliter le trajet d'une ville à l'autre on créa des auberges hospitalières *(Herbergen zur Heimath)*, où ils trouvaient un asile dans des conditions saines et économiques. Ces asiles étaient pour la plupart dus à l'initiative et soumis à l'influence bienfaisante des Sociétés d'évangélisation protestantes. Ces voyageurs n'avaient pas souvent le moyen de payer leur dépense et pour permettre de la solder, on créa des stations d'entretien *(Verpflegungs-station)*, dans lesquelles ils étaient logés et nourris, mais ce moyennant un travail quelconque qu'ils effectuaient dans la matinée avant l'heure du départ. Ces stations facilitaient, mais n'assuraient pas la recherche d'un emploi. C'est cette lacune que voulut combler M. le pasteur de Bodelschwing. Ce grand homme de bien, qui a joué un rôle prépondérant dans l'organisation de la charité évangélique en Allemagne à la fin du siècle dernier, avait été plus d'une fois témoin du désespoir des gens qui devaient laisser leur abri temporaire sans avoir trouvé d'ouvrage. La charité lui inspira une superbe audace : En 1882, avec quelques fonds qu'il put réunir, il acquit dans les Landes de Minden 125 hectares. La première Colonie agricole *(Arbeiter-Kolonie)* était fondée. Elle devait fournir du travail aux « sans-travail » jusqu'à ce qu'ils eussent trouvé un emploi : ils ne pouvaient y rester au delà d'un délai d'un an. La colonie reçut le nom de Wilhelmsdorf et put recevoir 80 ouvriers sans travail. Il n'est pas inutile de signaler ici que c'est à un *diacre* marié, M. Meyer, que fut confiée la direction de l'œuvre nouvelle.

Cette tentative eut un grand succès et son auteur établit de nouvelles colonies dans les endroits incultes et marécageux exigeant des travaux d'irrigation et de drainage. Il y a aujourd'hui 34 colonies agricoles en Allemagne. Depuis leur fondation elles ont secouru 132.000 malheureux. Le réveil, la sortie, les repas, le coucher y sont réglés au son de la cloche. Obéissance absolue est due aux chefs; quiconque ne s'y soumet pas est exclu. Dans trente de ces Colonies la direction est évangélique et elle est confiée le plus souvent à des diacres. Partout on y considère le réveil du sentiment religieux comme un des plus puissants moyens de relèvement.

Ces colonies ne procuraient qu'un travail temporaire et séparaient l'ouvrier de sa famille. M. le pasteur Cronemeyer, (encore un pasteur) créa en 1886, à proximité d'une colonie de travrail, de petites fermes d'environ 5 hectares *(Heimath-Kolonien)* qu'il destinait gratuitement aux ouvriers qui se seraient distingués par leur bonne volonté et leur travail. La tentative échoua. En 1898 nouvel essai du même ordre; à Schäferhof, l'initiative privée créa avec 285.000 marks un établissement de 353 hectares. Il semble que cette belle installation n'abrite pas plus d'une trentaine de colons avec leur famille.

Nous ne pouvons songer à passer une revue détaillée de chacune de ces Colonies. Nous nous bornerons à rappeler les conclusions intéressantes à retenir de l'étude de M. Louis Rivière.

Tout d'abord il constate que s'il y a comme à Béthel des exemples de relèvements intéressants, ces ouvriers ainsi relevés constituent une faible minorité. Si on consulte les statistiques établies par M. le docteur Berthold ou par les employés du Comité central, on voit que le nombre des placements effectués ne dépasse pas 16,5 pour 100 du nombre total des individus qui passent annuellement par les colonies. Le but de relèvement n'a donc pas été atteint pour le plus grand nombre, environ les 4/5. « Ceux-ci partent à l'aventure, sans emploi, exposés aux pires accidents; trop souvent leurs agissements déconsidèrent l'établissement dont ils sortent et dont ils n'ont pas voulu accepter la direction assez longtemps pour se corriger. De là naît chez un grand nombre de patrons une prévention contre les Colonies. C'est là certainement une des causes qui explique la décroissance du nombre des placements, qui, s'élevant à

27 % au début, a diminué progressivement de plus d'un tiers. » Il y a d'autres causes encore, ajoute M. Rivière : « Cette diminution devait fatalement se produire étant donné la conception originaire : accueillir tout homme, quel que soit son passé, à la seule condition qu'il consente à travailler. Au moment où il prenait l'initiative de ce mouvement, M. de Bodelschwing évaluait à 200.000 le nombre des individus circulant sur les routes, dont 100.000 mendiants incorrigibles, 80.000 hommes disposés à travailler, 20.000 au plus susceptibles d'être amendés et reclassés. Or, si son programme excluait les paresseux, il accueillait tous les travailleurs, non seulement les ouvriers ayant appris un métier, mais aussi ceux qui ont grandi au hasard, sans travail régulier, sans formation morale, même les natures bornées intellectuellement ou physiquement. Comment placer ces hommes de peine ou journaliers qui ne savent aucun métier, ces condamnés libérés que tout le monde repousse, toutes ces victimes de l'alcool et de la misère, usées à la vie du trimard, dont la figure ravagée trahit le passé, que personne n'embauche quand ils se présentent? »

Parfois dans un moment de presse ils trouveront un emploi transitoire ; mais bientôt remerciés, ne sachant que devenir, ils reprennent instinctivement le chemin de la Colonie. Dès 1889 on constatait que ces chevaux de retour, *Kolonie-Bummler*, formaient le quart de l'effectif total ; aujourd'hui leur nombre atteint les 2/3, soit 67 % — Les statistiques de Berthold montrent que parmi ceux qui se présentent pour la première fois dans une Colonie, le tiers environ n'a jamais subi de condamnation ; à la seconde admission, cette proportion descend au 5e, à la sixième on compte 90 % des condamnés et tous l'ont été à la huitième.

Faut-il fermer la porte à ces visiteurs trop fidèles ou prendre des mesures pour limiter à 3 le nombre des admissions, comme le demandait en 1886 le président de régence von Diest, ou réclamer la preuve d'un travail exécuté au dehors avant une nouvelle admission, comme on le proposait à la réunion des directeurs de Colonies à Kæstorf, en juin 1902?

A cela on a répondu qu'au moins à la Colonie ces gens se conduisent bien et font un travail utile qui paie une partie de leur dépense alors que, repoussés, ils finiraient par devenir de véritables criminels.

Le Comité central s'est laissé toucher par ses raisons et n'a pas voulu imposer une limitation rigoureuse à ses adhérents. Tout en estimant qu'un délai de 4 à 5 mois est nécessaire et suffisant pour qu'un homme puisse se refaire physiquement, payer son habillement et se préparer au placement, il a admis pour ses directeurs la faculté de conserver plus lontemps les ouvriers qui leur paraîtraient intéressants, sauf à faire connaître leurs motifs au Conseil d'administration. Seule la colonie de Seyda, en Saxe, maintient le principe de la sortie obligatoire au bout de 5 mois.

M. Rivière ajoute que du jour où, en Allemagne, il y aurait plusieurs établissements comme celui de Schäferhof qui est spécialement destiné aux reclus volontaires, et où d'autres établissements spéciaux s'occuperaient de recueillir les alcooliques, où par conséquent les Colonies agricoles seraient allégées de ces deux catégories de pensionnaires qui leur attirent un certain discrédit, il deviendrait plus facile de tenir la main à l'exécution des règles prévues pour les réadmissions à la réunion générale de 1896, et qui se résument en ces trois point essentiels :

1° N'admettre l'ouvrier qui se présente pour la deuxième fois que dans la Colonie où il a déjà travaillé ou dans celle de son domicile.

2° Exiger un temps d'engagement plus long sur le contrat signé.

3° Prolonger d'une semaine à chaque réadmission le temps d'épreuve pendant lequel aucun salaire n'est alloué au colon.

On recommande de plus aux directeurs de ne jamais accueillir les vieillards incapables de travailler, mais de les renvoyer à l'assistance communale, à qui incombe le devoir de leur assurer le secours nécessaire à leur existence.

A côté du rôle moralisateur et charitable que remplissent les Colonies Allemandes, en développant chez ceux qu'elles recueillent les idées religieuses, l'amour du travail et de l'épargne, le sentiment de la dignité humaine, M. Rivière fait ressortir leur importance économique : sur 32 établissements en 1902, 3 seulement ont un caractère industriel qui se justifie par leur situation dans de grandes villes, Berlin, Magdebourg, Hambourg, et l'emploi habituel de leur clientèle. Les 29 autres possèdent un vaste domaine rural de près de 5.000 hectares, dont la plupart ont été conquis par le travail des pensionnaires soit sur des sables stériles, comme à Wilhelmsdorf, Lühlerheim et Kästorf, soit sur des marais à tourbe, comme à Freistatt, Friedrich Wilhelmsdorf, Seyda, Meierei. Il y a eu là création d'un capital considérable. Sur plusieurs points on a joint à la culture des industries accessoires utilisant les produits du sol. C'est ainsi que des briquetteries et des tuileries ont été créées à Herzogsägmühle (Bavière), à Dornahof (Wurtemberg), à Kästorf. A Wunscha (Silésie), des plantations d'osier et de saules fournissent la matière première des travaux de vannerie qui occupent les colons pendant l'hiver, quand on ne peut labourer au dehors. A Kästorf, on leur fait fabriquer des balais et tresser du jonc; à Danelsberg ils confectionnent des paillons de bouteilles.

Dans presque toutes les colonies les pensionnaires ont largement contribué aux travaux d'installation et de construction en nivelant le terrain, en creusant des fondations, en travaillant même à la bâtisse, à la charpente, à la serrurerie ou à la peinture, grâce aux connaissances acquises antérieurement dans la pratique d'un de ces métiers.

En définitive, dit M. Rivière, les Colonies ont eu une influence appréciable sur le développement économique des provinces dans lesquelles elles sont installées. L'administration trouve dans les plus values ainsi obtenues une compensation pour les sacrifices consentis par les Diètes locales en faveur de ces établissements, soit sous forme d'avances sans intérêt, soit sous celle de subventions annuelles. Enfin, et c'est sur cette considération que se termine l'étude de M. Rivière, les Colonies ouvrières auraient rendu à la police des campagnes un service signalé en permettant une répression plus efficace de la mendicité. En ne renvoyant pas les assistés dès le lendemain, elles n'entretiennent pas la circulation forcée qui crée le vagabondage spécifique. Par leur caractère général, elles fixent momentanément ces errants; elles arrêtent la pierre qui roule. Avec leurs 3.700 places, elles fournissent chaque année plus d'un million de nuits d'hospitalisation à des gens sans emploi qui auraient couché à la belle étoile.

Après avoir analysé le travail de M. Rivière de 1902 spécialement consacré aux Colonies allemandes, juxtaposons à ses conclusions celles de son récent travail au Congrès de Bordeaux de 1903, bien qu'elles visent l'ensemble des Colonies agricoles étrangères et françaises et que cet extrait eût dû logiquement trouver sa place un peu plus loin.

« Même parmi les œuvres qui ont réussi, nous n'en avons rencontré aucune, dit-il, qui ait complètement assuré le relèvement des gens intéressants en vue desquels elle avait été organisée :

« 1° Partout s'est produit une infiltration tantôt de vieillards ou d'hommes affaiblis, tantôt de paresseux qui ont altéré le caractère de l'institution, abaissé le niveau moral de la population.

« 2° L'ouvrier qui a longtemps habité les villes se fait difficilement à la vie isolée de la campagne : il a souvent la nostalgie du faubourg, du voisinage et des distractions auxquelles il est habitué.

« 3° Il faut à la tête de ces établissements un homme qui, au zèle et à l'abnégation de l'apôtre, joigne les connaissances techniques et l'aptitude commerciale. On semble avoir réussi surtout, quand on fait appel au sentiment religieux comme dans la plupart des Colonies allemandes.

« Ce sont là, dit en terminant M. Rivière, et il faut le retenir, ce sont là des difficultés non des impossibilités. Un bon règlement appliqué avec tact et par une direction ferme et fraternelle peut beaucoup pour leur solution. Il n'est pas douteux que les hommes d'expérience et de cœur qui prendront l'initiative d'une tentative pareille dans notre pays, sauront triompher des difficultés qu'il était de notre devoir de leur signaler. »

JARDINS OUVRIERS ALLEMANDS

Outre l'assistance par les Colonies agricoles, l'Allemagne a depuis longtemps organisé l'assistance par les Jardins ouvriers : c'est encore à M. Rivière que nous empruntons les renseignements suivants publiés dans le numéro de février 1904 d'une intéressante publication mensuelle : *Le coin de terre et le foyer*, et dans son livre de 1904, *les Jardins ouvriers*. La première initiative a été prise par la ville de Kiel dès 1820. La ville, possédant un vaste domaine communal, en disposa une petite partie en jardins attribués aux pauvres. En 1901 le nombre des jardins atteignit un total de 2.509, couvrant 118 hectares 51 ares. Les 3/4 de ces jardins sont encore aux mains des ouvriers, 1/4 ayant pour locataires des employés ou même de petits rentiers. A Leipzig 2.582 jardins sont répartis en 38 groupes d'une contenance totale de 54 hectares. Au début ces jardins de 370mq étaient loués 3 thalers (11,25). Avec le temps ces concessions, sous prétexte de rembourser les plantations et arrangements faits sur le terrain, se sont payées jusqu'à 1.000 marks et l'œuvre a perdu son caractère d'assistance. A Francfort-sur-le-Mein, une société appelée *Verein zur Forderung des Kleingartenbaues* s'est formée pour encourager la création des petits jardins. Elle compte actuellement 110 locataires collectifs ou individuels. Les jardins doivent servir à la famille ou à l'association et ne pas viser à un profit commercial. Un autre groupe de sociétés fondées par le Dr Schreber dans le but de favoriser le développement physique et moral de l'écolier, a créé des jardins pour les jeux au grand air. A Dresde c'est un véritable parc créé par la société populaire *Volkswohl*. Il y a des jardins Schreber à Hambourg, Altona, Flensbourg, Magdebourg, Eisleben, Hanau, Darmstadt, Dresde, Chemnitz, Planen, Zwickau, etc.

A Darmstadt par exemple les jardins conservent leur caractère d'œuvre d'assistance : Les premiers titulaires sont désignés par le bureau des pauvres et à leur défaut la préférence est accordée aux chefs de familles nombreuses. A Meldorf, l'initiative a été prise par la caisse d'assurance contre la maladie qui a eu en vue le côté hygiénique de l'institution.

Tandis que les villes qui viennent d'être citées encouragent les cultures variées, légumes de toutes natures, arbres fruitiers et même fleurs, on s'est borné ailleurs à la culture des pommes de terre. Ainsi a-t-on fait à Kœnigsberg et à Berlin. En 1896, ces cultures couvraient autour de Berlin 104 hectares; 12 champs divisés en 2.600 parcelles de 4 ares, (nous retrouverons souvent cette mesure de 4 ares pour les jardins ouvriers) louées uniformément à 7 marks 50 (9 fr. 50) à des familles indigentes. L'exploitation assurait un bénéfice fort appréciable pour un ménage pauvre qui y trouvait les éléments essentiels de son alimentation. L'extension des faubourgs de la capitale ayant atteint les champs de culture et nécessitant le transport des concessions trop loin du domicile des bénéficiaires, on dut les supprimer.

Les sociétés de constructions de maisons ouvrières, fort nombreuses en Allemagne, adjoignent un jardin plus ou moins grand à leur maison individuelle. Certains groupes d'habitations présentent un aspect charmant avec leurs jardinets garnis de fleurs et leurs façades en brique tapissées de plantes grimpantes.

Enfin les Compagnies minières et industrielles concèdent, la plupart, des jardins à leurs ouvriers. En 1891, on comptait, dans 4 cercles du district minier de la Haute-Silésie, 4.355 ouvriers y exploitant des jardins d'une contenance de 176 à 420mq. En 1900, M. Bielefeld, président de section à l'Office impérial des assurances et conseiller intime, fut envoyé en mission à Paris pour assister au Congrès international d'assistance publique. Très frappé par la discussion relative aux Jardins ouvriers, à laquelle le Congrès se livra sur le rapport général de M. l'abbé Lemire, il fit une large place à cette question dans son rapport au ministre et la signala au conseil d'administration de la Croix-Rouge à Berlin, dont il fait partie. Le Conseil demanda au Comité des dames de Charlottenburg (faubourg aristocratique de Berlin) de constituer une section de Jardins ouvriers. Dès 1901, 94 jardins étaient inaugurés sur les confins du quartier ouvrier et attribués à des familles chargées d'enfants. L'œuvre comprend aujourd'hui 7 champs avec 233 jardins dont la contenance varie de 250 à 300mq. Chaque champ est divisé en section de 10 à 12 jardins. A la tête de chaque section est placé un comité composé d'une dame et d'un membre du Conseil de l'œuvre, auxquels sont adjoints deux représentants des tenanciers élus par eux. Ceux-ci font la collecte des cotisations : 20 pfennigs par jardin et par semaine pour enlever à l'œuvre tout caractère d'aumône et exciter au travail. La dame patronesse visite les familles, se tient au courant de leurs besoins, demande à l'occasion pour elles les secours nécessaires, presque toujours sous forme d'avance remboursable à long terme. Tous les membres des divers comités de patronage se réunissent pour former le conseil du champ, chargé de son administration et du maintien du bon ordre. Au centre de chaque champ on a laissé libre un espace réservé aux jeux des enfants; presque partout des appareils gymnastiques ont été aménagés grâce à la générosité des membres des comités de patronage. Le Conseil central s'est chargé, au début, des clôtures, adductions d'eau, premiers défrichements et fumures; il met à la disposition de ses locataires des graines et engrais à prix réduits, ainsi que les matériaux nécessaires à la construction de tonnelles ou gloriettes qu'on voit maintenant s'élever dans presque tous les jardins. Les rapports annuels constatent surtout les bons résultats obtenus au point de vue de la lutte contre la tuberculose : les enfants reprennent des couleurs au grand air, les adultes s'habituent à ce bain vivifiant et on en a vu qui, l'été, passent la nuit dans leurs gloriettes plutôt que de retourner dans les taudis des faubourgs.

JARDINS OUVRIERS ANGLAIS

En Angleterre aussi on a créé de nombreux Jardins ouvriers. Dans la cité-jardin de Port Sunlihght, la grande usine à fabriquer le savon qui est au bord de la Mersey, chaque ouvrier possède une parcelle des *allotment gardens* qu'il cultive à sa guise. Cette culture de petites parcelles dans un champ commun est tout à fait propre à recruter parmi leurs propriétaires des adeptes à la coopération. Il s'est d'ailleurs formé en Angleterre des sociétés coopératives assez importantes en vue de l'achat en commun *d'allotment gardens* et des engrais, graines et outils nécessaires à leur culture.

COLONIES DES PAYS-BAS

Après les guerres de l'empire, le général *Van der Bosch*, pour fournir du travail à des milliers de bras inoccupés tout en améliorant des terrains improductifs, fonda dans les landes qui occupent les confins des provinces de Gueldre, Frise et Overyssel, un établissement connu sous le nom de *Fredricksoord*, qui comprenait primitivement 7 Colonies agricoles disséminées sur 5.700 hectares. — Aujourd'hui l'établissement se présente sous forme d'un groupement de 2.000 âmes, composé d'artisans empruntés aux principaux corps de métier, de 50 fermiers et d'ouvriers travaillant dans l'industrie ou dans l'agriculture.

La population habite 400 petites maisons d'un modèle uniforme, entourées de fleurs et étincelantes de propreté. Elle vit de l'exploitation de son domaine.

JARDINS OUVRIERS NÉERLANDAIS

D'après une enquête de 1896, la location de parcelles de terre aux indigents était pratiquée dans 17 communes. L'initiative avait été prise dans l'une d'elles par la diaconie de l'Église réformée, dans 13 autres par des sections locales de la société d'intérêt public, dans 1 par la caisse d'épargne, dans 7 enfin par le bureau des pauvres. Le nombre total des parcelles était de 1.416, dont la contenance variait de 2 à 10 ares. M. Riedel, signalant les bons offices de ce mode d'assistance en Zélande, disait : « J'ai visité les champs situés dans le voisinage immédiat de la ville de Goés et j'ai causé avec les divers tenanciers. Ceux-ci se félicitaient d'avoir ainsi l'occasion de cultiver leurs jardins au moment où le travail manque. »

A Nimègue, le *Kruisverband*, société contre l'intempérance, afferme aussi des jardins à ses adhérents. Dans un de ses rapports annuels, le Dr Banning dit : « Un ouvrier qui ne pouvait cultiver son jardin qu'en dehors de son travail professionnel a dépensé 15 florins 03 et retiré en légumes et fruits une valeur de 47 florins. C'était jadis un alcoolique invétéré, il est devenu aujourd'hui un bon chrétien et un brave père de famille. »

COLONIES BELGES

Ces colonies consistent dans des fermes-hospices fondées par les communes ou les particuliers. M. Coulon, qui en a étudié le fonctionnement dans la Flandre occidentale, remarque qu'elles constituent non pas des ateliers de travail proprement dits, mais des hospices où les vieillards se livrent à la culture potagère, aux soins de la ferme et du ménage. — Ces travaux intérieurs offrent le double avantage de procurer une distraction aux hospitalisés et de diminuer les frais de l'hospitalisation. Ils ont pour effet de réduire au minimum le prix de la pension. — Il est d'environ 50 centimes par journée de séjour. Ce prix est payé par les communes pour les indigents, de telle sorte que dans la province où existent des fermes-hospices tous les vieillards pauvres sont assurés d'être hospitalisés.

M. Rivière indique qu'en décembre 1901, il y avait 83 hospices et 50 orphelinats occupant au total 3.784 hommes, femmes et enfants dans ces fermes-hospices. A coté de ces fermes, créées par les bureaux de bienfaisance, un certain nombre d'établissements ont été fondés par l'initiative privée. L'organisation la plus importante est celle de la société des bons ouvriers, fondée par l'abbé Glorieux. La population se divise en deux classes :

1o Une portion fixe composée des sociétaires et des personnes admises à vie, qui veulent se consacrer à l'œuvre et forment le cadre du personnel des fermes.

2o Une portion variable comprenant deux catégories : les

valides admis à la seule condition du travail et des vieillards et infirmes pour lesquels le bureau de bienfaisance paie une pension. La société entretient 3 fermes et abrite 50 indigents.

JARDINS OUVRIERS BELGES

A Nivelles, le président du bureau de bienfaisance de la ville, le Dr Lebon, recevait en 1879 la visite d'un ouvrier, hôte habituel du cabaret, qui lui dit : « Donnez-moi un jardin de 10 verges et je renonce aux verres de genièvre. » Ce mot lui suggéra la pensée de créer la première œuvre de jardins ouvriers.

La ligue de Bruxelles, fondée par l'abbé Gruel 30 ans plus tard, en 1896, louait, en 1897, 13 parcelles de terrains vacants dans la ville et les faubour;s, d'une contenance de 10 hectares, pour le prix de 1.209 francs. Ces terrains, divisés en lots de 5 ares, ont été donnés gratuitement en jouissance à 200 pères de familles.

Le nombre des Jardins de la Ligue à Anvers, Bruxelles, Namur et Gand, est aujourd'hui de 700, couvrant 35 hectares de terrain et l'œuvre vient en aide à 3.510 personnes. A Saint-Nicolas de Waes, un des centres où les jardins se sont le plus rapidement développés, la ligue a fondé une école de cuisine pour apprendre aux jeunes ouvrières à tirer parti des légumes de leurs jardins.

Depuis une dizaine d'années, en dehors des œuvres d'assistance proprement dites, la Belgique se couvre d'associations agricoles. (Il faut lire sur ce sujet l'interressant livre que vient de publier M. Max Turmann).

Dans ce pays où les préoccupations de parti sont rarement étrangères aux œuvres sociales (l'observation est de Vandervelde), il est bien peu de ces œuvres qui ne se rattachent pas directement ou indirectement aux grandes organisations qui se disputent avec âpreté la faveur populaire et on peut dire que précisément ces préoccupations politiques ou confessionnelles ont largement contribué au développement des associations agricoles. Le même Vandervelde (dans son *Essai sur la question agraire en Belgi-*

que) est obligé de constater la rapide et puissante diffusion des œuvres rurales chrétiennes et de leur effrayante disproportion avec les associations agricoles socialistes. Dans chaque paroisse le curé songe à établir quelques-unes de ces institutions qui lui permettront de lutter contre la propagande anti-chrétienne. Certain curé brabançon tient lui-même les registres d'une caisse Raiffeisen dont le presbytère est le siège social. Il faut dire que les prêtres belges sont préparés à ce rôle. Dans les grands séminaires, ils sont initiés aux œuvres et institutions économiques par des cours de sociologie et d'économie rurale, voire même d'agriculture, comme au séminaire de Roulers dans la Flandre occidentale.

Voici une anecdote rapportée par M. Turmann : Un jour, dit-il, j'accompagnais dans sa tournée d'inspection un de ces prêtres, secrétaire général d'une des grandes Fédérations agricoles belges. Nous arrivons dans une laiterie coopérative qui aurait dû être en plein travail. Mais à la suite d'un accident la machine à vapeur se refusait à tout service. Le mécanicien essayait vainement de réparer l'avarie. Le directeur bougonnait, furieux de la perte d'argent qui résulterait d'un trop long retard apporté à la fabrication du beurre. Notre prêtre inspecteur examine le moteur, retrousse sa soutane, demande deux ou trois outils, se met à la besogne et un quart d'heure plus tard, ayant terminé sa réparation provisoire, il remettait le mécanisme en mouvement. On comprend que de tels hommes aient de l'influence. En dehors de leur dignité sacerdotale, leurs connaissances imposent respect et confiance.

D'autres causes encore que l'influence du clergé ont contribué à la naissance et à l'extension de ces groupements ruraux : d'abord la collaboration d'un grand nombre de bonnes volontés laïques, hommes de toutes professions, gros propriétaires, petits cultivateurs, ouvriers agricoles, hommes souvent tout à fait étrangers aux questions agricoles, sénateurs, journalistes, etc ; puis les transformations scientifiques et industrielles de l'agriculture moderne, enfin la très grande part des pouvoirs publics dans cette diffusion des Sociétés agricoles. Le développement de ces groupements depuis les puissantes fédérations agricoles jusqu'aux guildes des plus pauvres villages, l'extension des divers services coopératifs, l'organisation du crédit et des assurances mutuelles, ont merveilleusement servi les intérêts moraux et matériels du paysan belge. Désormais le cultivateur peut acheter à meilleur compte les engrais et les matières alimentaires dont il a besoin, il peut se garantir contre des risques qui menaçaient de le ruiner en détruisant tout ou partie de ce qu'il possédait, bétail, récolte, ou habitation : il sait tirer bon profit du lait de ses vaches, grâce à la coopérative voisine, et quand une amélioration culturale lui fait désirer une avance d'argent, il n'est plus obligé d'emprunter à l'usurier de la ville; il lui est loisible de s'adresser à la Caisse Raiffeisen de sa paroisse.

On ne saurait assez dire l'immense bienfait social que les paysans retirent de ce mouvement syndical, coopératif et mutualiste qui les porte à s'unir et à chercher un remède à la crise agricole dans l'entente, chrétiennement fraternelle, de tous ceux qui vivent sur la terre. Ce mouvement, comme le disait Vandervelde, est un des faits contemporains le plus à l'honneur du peuple belge.

COLONIES DANOISES

En Danemark les petites exploitations terriennes, appelées *husmands brug*, ont été très développées. Une famille, par exemple, propriétaire d'un ou de deux hectares de terre, de quelques vaches et porcs, d'une petite basse-cour, peut, grâce au développement de la coopération (laiterie, vente des œufs, etc.) s'assurer des ressources suffisantes et supérieures à celles qu'elle demanderait au travail d'un atelier industriel. Une loi de 1898 autorise le gouvernement danois à disposer sur les fonds de l'État d'une somme de 7 millions, pour l'employer en prêts à 3 % à des Sociétés d'agriculture. Une autre loi de 1899 l'autorise aussi à accorder aux ouvriers économes des prêts à 3 % sur la caisse de l'État pour acquérir des parcelles de terre ne dépassant pas 5 hectares et une valeur de 5.600 francs.

Cette loi a amené la création de 450 *husmans brug*.

Rappelons à ce propos qu'en 1898 M. J. Siegfried présentait au Sénat un rapport sur une proposition de loi tendant dans le même esprit à faciliter la constitution et le maintien de la petite propriété rurale par des moyens analogues.

COLONIES AMÉRICAINES DE L'ARMÉE DU SALUT

Aux Etats-Unis l'Armée du Salut a organisé des Colonies agricoles spécialement dans le but de diminuer l'engorgement des villes et d'empêcher les familles de se disperser, la théorie de rédemption étant basée sur la formule suivante : Placer la main-d'œuvre inutilisée sur les terres inutilisées au moyen du capital inutilisé et de cette façon transformer cette trinité de forces inutilisées en une unité de production ou, comme on l'a dit : les bras sans terre à la terre sans bras.

Aux Etats-Unis, l'expérience se poursuit actuellement dans les trois colonies suivantes : 1° le Fort Amity, au Colorado, dans la fertile vallée de la rivière Arkansas ; 2° le Fort Romie, en Californie, près de la baie de Monterey ; 3° le Fort Herrick, dans l'Ohio, à environ 20 milles de la ville de Cleveland.

Dans la première, il y a actuellement 300 colons comprenant des hommes, des femmes et des enfants ; dans la seconde, 70 colons ; dans la troisième 37 colons.

Voici, avec un aperçu de l'organisation financière des colonies, les considérations intéressantes que contient l'étude du commandant Booth.

Les colonies sont créées à l'intention des indigents urbains dignes d'intérêt (il ne s'agit plus ici du lamentable troupeau auquel donnent asile les Colonies allemandes). Comme ces indigents n'ont même pas l'argent qu'il faut pour les frais de voyage, il devient nécessaire de mettre un capital à leur disposition.

Le fait, dit M. Booth, que le surplus de la population des grandes villes ne se transporte pas plus volontiers dans les districts des campagnes n'est pas dû, comme on le croit souvent, à leur attachement pour la ville et à leur aversion pour la campagne. Si les indigents sont mis en situation de devenir propriétaires et non pas simples locataires ou ouvriers de fermes, on peut faire aboutir le mouvement rapidement et avec tout le succès désirable.

Une autre erreur, ajoute M. Booth, est généralement commise, dans la tentative de débarrasser les villes de leurs indigents, par les personnes qui s'efforcent de coloniser avec les indigents célibataires. Il est prouvé qu'en fin de compte la famille coûte meilleur marché, puisque la femme et les enfants fournissent une main-d'œuvre que l'on n'a pas à payer.

En voici un exemple : dans une des Colonies on a trouvé récemment le père cultivant ses propres terres, tandis que les enfants gagnaient jusqu'à 2 dollars par jour en cueillant des fraises et autres fruits du même genre chez un fermier du voisinage. Pendant ce temps-là, la femme vaquait aux soins du ménage, s'occupait du bébé, préparait les repas et soignait la volaille. Tous étaient occupés et tous gagnaient de l'argent. La famille, arrivée tout récemment, se suffisait à elle-même. Il n'avait été nécessaire que de leur trouver une maisonnette, un attelage, des instruments aratoires et des semences.

Dans un autre cas, le père était à même de gagner un gros salaire comme charpentier en aidant à la construction de maisonnettes et de granges pour le compte de la Colonie, tandis que la femme et les enfants s'occupaient de la maison et de la ferme. Deux hectares et demi de terre lui suffisaient comme complément de son salaire.

On voit donc qu'avec du savoir faire et une pièce de terre convenablement choisie, la principale condition requise est un capital suffisant pour permettre de construire des maisons, de faire l'achat des bestiaux et des instruments aratoires et pour faire face aux frais de voyage et autres menus frais accessoires. Le prix moyen de revient est de 500 dollars (2.500 francs) par famille, en plus du prix d'achat du terrain et en dehors des frais généraux d'amélioration des terres, tels que : travaux d'irrigation, approvisionnement d'eau potable et autres dépenses d'utilité générale. Moyennant cette somme, une famille peut être lancée dans la bonne voie. Dans le but de se procurer les fonds nécessaires, on a émis pour une somme de 150.000 dollars

(750.000 francs) de bons hypothécaires gagés sur les Colonies de Colorado et de Californie. L'intérêt est payable tous les 6 mois aux taux de 5°/₀. On a établi un fonds de réserve de 2 °/₀ et les bons ont été garantis par l'Armée du Salut incorporée, c'est-à-dire ayant existence légale conformément à la loi des États-Unis. En plus de cette somme on a créé une caisse de dotation coloniale qui est alimentée par des dons volontaires. Cette caisse contient actuellement environ 150.000 francs. L'argent en est prêté aux colons et l'argent remboursé est aussitôt replacé.

Les colons reçoivent un contrat pour l'achat du terrain et de la maison ; on leur fournit les bestiaux et les instruments aratoires et, à intervalles déterminés, on fournit au chef de chaque famille un compte régulièrement établi, qui lui indique le montant de sa dette. Les premiers colons de Fort Amity, en avril 1898, étaient de simples ouvriers de grandes villes, surtout de New-York, qui n'avaient jamais pu se créer des économies. On leur avait payé le voyage et les familles furent installées sur des lots de terrain variant de 5 à 10 hectares, chacun avec une maisonnette pour se loger ; puis chaque famille fut munie des outils et des instruments nécessaires et on leur donna un cheval ou deux, une ou deux vaches, des porcs et des volailles. Le prix du tout fut porté comme dette au compte du colon. Les premiers arrivés furent employés aux travaux de mise en état des terres, fossés d'irrigation, clôtures, etc. On leur allouait le taux courant des salaires, c'est-à-dire 10 francs par jour. La moitié de cette somme était portée à leur crédit en diminution de leur dette et l'autre moitié payait leur entretien jusqu'au moment où leurs champs commencèrent à rapporter. En avril 1902, le premier colon s'était entièrement acquitté de sa dette envers l'Armée du Salut. Il était arrivé au Fort Amity en mars 1899, ayant pour toute fortune un attelage et un peu de mobilier représentant les économies de 10 années de ménage. Il possède maintenant une ferme de dix hectares « avec une jolie maisonnette en pierre qu'il a construite lui-même. » La totalité de sa dette envers l'Armée du Salut s'élevait à 900 dollars (4.500 francs). En trois ans il a payé sa dette, faisant vivre en outre sa femme et trois enfants et construisant sa maison.

L'étude du commandant Booth se termine sur cette cita-
tion du président Benjamin Harrison approuvant ce plan
de colonisation qu'il définit ainsi :

« Votre plan consiste à faire une enquête approfondie sur
l'adaptation des gens qu'il faut aider, de ne prendre que
ceux dont les habitudes semblent permettre le succès et
d'aider ces gens-là, non pas au moyen de dons d'argent qui
les transforment en indigents, mais en leur faisant des
avances d'argent qu'ils devront s'engager à rembourser. »

JARDINS OUVRIERS AMÉRICAINS

De toutes parts aux États-Unis ont s'est ingénié pour
trouver des moyens d'assister par la terre les ouvriers
sans travail. En 1894, à Détroit (Michigan), le maire, M.
Hayen, utilisa les « sans-travail » pour la culture des terres
vacantes de la commune. On s'assura 172 hectares qui furent
lotis et loués à 945 familles. A New-York une Société d'assistance se procura des terrains (138 acres) dans Long-Island
pour les « sans-travail ». Le produit le plus élevé fut obtenu
par un jardinier qui, seul avec sa femme, a su tirer d'un
terrain de 4 acres une somme de 430 dollars. Un autre,
aidé par ses enfants, a fait ressortir ses journées à 4 dollars
l'une. L'exemple donné par New-York et Détroit a été imité
depuis par 25 villes des États-Unis (voir détails dans le livre
de M. Louis Rivière : *Jardins ouvriers*, 1904). Nous ne
citerons que l'expérience fort intéressante de Philadelphie
qui date de 1897, et qui pourrait peut-être inspirer notre
Commission des « sans-travail ». Après avoir examiné avec
grand soin les essais antérieurs tentés dans diverses villes,
un Comité spécial s'assura le concours d'un ancien fermier
de l'Ouest, M. Powell, qui prit la direction du groupe de
culture à créer. Une commission de propagande, composée
de 230 personnes, s'employa à faire connaître dans le
public l'œuvre projetée et à réunir des terrains et des fonds.
96 lots, d'un quart d'acre en moyenne, ont été répartis
entre un nombre égal de familles. Sous le contrôle d'un
surveillant (supérintendent) on a pu déterminer exactement

la valeur totale des légumes produits : elle a atteint pour l'année 1897 5.965 dollars, soit une moyenne de 60 dollars par tenure. Les dépenses du Comité ont été de 1.825 dollars 33 ou 18 dollars 25 par unité. Le travail des concessionnaires a donc plus que triplé la valeur du sacrifice fait en leur faveur. Les semences sont fournies gratuitement et les jardins cultivés sur un plan régulier, moitié pommes de terre, moitié autres légumes (pois, fèves, choux, tomates, carottes, navets, oignons, radis, salades). L'œuvre, qui avait été créée d'abord pour fournir du travail aux chômeurs pendant la crise industrielle, ne fut pas abandonnée quand les affaires reprirent. Le Comité travailla au contraire à la développer en cherchant dans la culture de la terre un mode de secours pour vieillards et infirmes des deux sexes encore valides, mais que l'industrie intensive refuse d'employer. Les résultats ont été absolument remarquables : En 1901 le nombre des jardins s'est élevé à 632 pour une contenance de 158 acres occupant 2.966 personnes. La dépense par jardin est tombée à 7 dollars 09, tandis que le produit s'élevait à 47 dollars 46, soit 6 fois 1/2 la somme déboursée. Qu'on se rende compte de ce que ces 2.966 personnes auraient coûté à l'assistance dans une ville renommée de longue date pour sa générosité. Le succès dépend surtout du choix du supérintendant, la cheville ouvrière de l'entreprise. Il est difficile, dit M. Louis Rivière, de rencontrer un homme qui soit à la fois un fermier pratique, connaissant le sol et le climat du pays, un commerçant susceptible de diriger les ventes en indiquant le meilleur moment et un psychologue sachant manier des hommes de provenance si variée. Il doit être en même temps ferme et charitable. Quand aux fonds nécessaires à la création des groupes de jardins, ils ont toujours été obtenus sans difficultés. Les dépenses sont modérées; la principale consiste dans les fournitures de graines et semences et le gouvernement des États-Unis a souvent alloué des distributions de ce genre sur la demande des députés.

II

ESSAIS FAITS EN FRANCE

Les Colonies agricoles n'ont pas rencontré en France, il s'en faut, le même enthousiasme qu'en Allemagne. En 1839, le Conseil municipal de Strasbourg, sur la proposition du maire, M. Schutzenberger, créa à Ostwald, à 5 kil. de Strasbourg, une Colonie agricole. Le domaine de 101 hectares fut amélioré par la main-d'œuvre des indigents qui désséchèrent les marais, creusèrent des fossés, tracèrent des chemins, transformèrent des landes arides en vergers, potagers, sapinières. On constata toutefois au bout de quelques années que cette création ne donnait pas les résultats moraux espérés et elle fut transformée en 1847 en une colonie de jeunes détenus. De 1848 à 1850, la colonisation en Algérie apparaît à M. Thiers comme le meilleur remède contre le chômage, mais il déclara la colonisation agricole dans l'intérieur tout à fait chimérique. En 1850 est fondée Mettray pour les détenus. De 1850 à 1890, c'est-à-dire pendant 40 ans, rien qui, à notre connaissance, puisse être signalé. Ce n'est que dans les dernières années du siècle qu'on revient, en matière d'assistance, au travail de la terre : le département d'Eure-et-Loir, par la création de la maison d'assistance de Courville, la ville de Paris après le rapport de M. Georges Berry. Voici enfin, après un rapport, une œuvre, après une intention un acte : La Chalmelle est fondée. Et si l'œuvre sort du rapport, c'est sans doute que le rapport en prépare la réalisation avec ce sens des possibilités du moment qui facilitera toujours le passage d'un rapport, simple effort plus ou moins suggestif de l'esprit, à l'œuvre matérielle de bonnes volontés persévérantes qu'est une entreprise.

Nul doute qu'en matière de Colonies agricoles l'œuvre spirituelle de la France ne soit fort riche : nous avons vu que si nos voisins ont moins d'esprit ils ont plus de Colonies.

COLONIE DE LA CHALMELLE

La Colonie agricole de la Chalmelle fut créée sur les bases suivantes : Une propriété de 128 hectares fut louée en 1891 pour 18 ans à l'Assistance publique, moyennant un prix annuel de 2.500 francs, les impôts restant à la charge de la ville. — Une sous-commission, composée de 5 membres du Conseil municipal, de M. le Directeur de l'Assistance publique, et de M. le Directeur des Affaires municipales, fut chargée d'en assurer l'organisation et le fonctionnement. — Un crédit de 60.000 francs fut mis par le Conseil municipal à la disposition de l'administration pour l'aménagement de la Colonie.

En juin 1891, la commission présidée par M. Georges Berry, et dans laquelle siégaient M. Risler, directeur de l'Institut agronomique, M. Sabatier, publiciste agricole, M. Broudin, agriculteur et M. Gaston Malet, ingénieur agronome, se rendit à la Chalmelle, canton d'Esternay, département de la Marne. M. Gaston Malet fut chargé d'organiser la Colonie et présenta, en juillet 1891, un projet de budget et un plan cultural qui furent adoptés.

L'année 1891 fut la période d'installation. On acheta le gros matériel de culture et on aménagea des dortoirs dans d'anciens greniers; on construisit un pavillon pour le directeur, un hangar pour les instruments agricoles, une laiterie, une fosse à purin, des cabinets d'aisance; ces appropriations et aménagements nécessitèrent une dépense de 30.000 francs. Le 1er février 1892 la Colonie était prête à recevoir 25 colons et M. Malet en fut nommé directeur.

La Colonie est installée dans une ferme de l'Assistance publique. Les terres de la ferme sont presque d'un seul tenant; le domaine est situé sur un plateau légèrement incliné vers l'Est. Le sol est très argileux et la région de culture porte le nom de mauvaise Brie ou Brie champenoise. Depuis 4 ans les terres étaient complètement abandonnés à elles-mêmes, l'administration de l'Assistance publique n'ayant pas trouvé de locataires.

Le mode d'assistance est le suivant :

Les « sans-travail » ayant déjà travaillé à la campagne sont reçus à la Colonie après une rapide enquête sur leurs antécédents : ils doivent être âgés de 25 à 45 ans. Ils sont nourris, logés, habillés, blanchis, reçoivent un salaire de 50 centimes par jour et peuvent rester dans l'établissement jusqu'à ce qu'une place leur soit offerte dans une ferme.

Les colons placés par la direction peuvent être admis à nouveau, à la condition de ne pas être revenus à Paris; ceux qui quittent volontairement l'établissement ou sont expulsés ne peuvent jamais y rentrer.

La Colonie est, en résumé, un établissement d'assistance par le travail agricole, en même temps qu'un bureau de placement pour les ouvriers ruraux; elle cherche à ramener à la campagne les ouvriers valides, honnêtes, sans travail, venus à Paris et tombés dans la misère; elle lutte contre le courant d'émigration des campagnes vers les villes, en cherchant à créer un courant contraire.

Aujourd'hui, en dehors de la ferme, et grâce à l'obtention d'une subvention de 50.000 francs sur les fonds du Pari-mutuel, la Colonie s'est agrandie et se compose de :

1° Un corps de logis pour les bureaux, les magasins d'habillement, la lingerie, la cuisine, le réfectoire, les dortoirs, la bibliothèque, la salle de jeux, les ateliers de forge, de menuiserie et ceux pour les travaux d'hiver;

2° Trois maisons adossées au bâtiment principal et servant de logement aux employés;

3° Une meunerie boulangerie;

4° Une usine électrique pour l'éclairage;

5° Un hangar agricole;

6° Une salle pour la préparation des aliments du bétail, avec grenier à menue paille;

7 Une buanderie;

8° Un pavillon d'isolement pour les malades atteints de maladies contagieuses.

Les principaux produits de la culture sont le blé, l'avoine, l'orge, les pommes de terre, la betterave, les haricots.

Avec ses derniers agrandissements la Colonie peut recevoir 55 colons employés en été aux travaux des champs et en hiver à des travaux industriels, mais se rattachant autant que possible à l'utilisation des produits de l'établissement, comme la fabrication de paillassons, de paniers, de briquettes de charbon, le triage de grains pour semence; mais la plupart ne sont pas une source de profit à cause du défaut d'habileté des assistés.

Le personnel de la Colonie se compose : d'un directeur, d'un économe, d'un chef de culture avec un garçon chef, d'un maître charretier, d'un maître jardinier, d'un forgeron maréchal-ferrant, d'un menuisier, d'un vacher, d'un surveillant, d'un cuisinier.

Dans un avenir rapproché, dit le directeur de l'établissement, la balance des recettes et des dépenses sera satisfaisante sans jamais cependant être parfaite.

En 1903 la production a été à la Chalmelle :

Produits végétaux..........	46.021 85
Produits animaux..........	18.252 45
Total..........	64.274 30
La Jondière..............	14.808 20
Total..........	79.082 50
Les dépenses ont été de....	84.563 70

Les recettes ne pourront jamais sans doute couvrir les dépenses, mais la direction s'efforce de diminuer le prix d'entretien de chaque individu par l'utilisation au maximum de ses facultés productives dans l'état de dépression matérielle et morale où il se trouve. Dès que l'assisté est capable de rentrer dans la vie normale et de se suffire à lui-même, on l'éloigne de la Colonie. Il n'y a donc à la Chalmelle que des ouvriers anormaux rendant impossible la production de bénéfices. L'expérience de sept années semble montrer, dit le rapport de 1903, qu'il est possible de sortir de la misère beaucoup de « sans-travail, » en les éloignant de Paris. Les assistés ont l'illusion de se sauver eux-mêmes, puisqu'ils travaillent ; leur dignité morale n'est pas atteinte, puisque l'assistance qu'on leur donne semble un salaire proportionnel à leurs efforts.

La statistique des entrées et des sorties montre que 50 pour 100 environ des recueillis profitent utilement de l'institution et en sortent placés.

Bien que la durée de séjour ne soit pas limitée, presque tous les ouvriers quittent la Colonie avant le 4e mois. De 1892 à 1902 il y a eu 1.340 entrées et 1.292 sorties. Ces dernières se décomposant ainsi : par placement, 795; volontaires, 403; pour l'hôpital, 27; service militaire, 5; expulsion, 60; décès, 2.

En 1903, il y a eu 155 entrées et 147 sorties se décomposant ainsi : par placement, 79; volontaires, 61; pour l'hôpital, 5; expulsion, 1; décès, 1. Soit 53,74 de placement pour cent des sorties.

La direction de la Colonie émet le vœu qu'on éloigne impitoyablement les individus paresseux, les alcooliques, les vagabonds, incorrigibles habitués des refuges de nuits, pour ne recevoir que les ouvriers réellement intéressants, conduits seulement à la misère par la maladie, un manque d'énergie, un défaut corrigible, des peines morales. Actuellement le recrutement s'effectue ainsi : lorsqu'il y a des places libres à la Colonie, celle-ci en informe les surveillants des refuges de nuit et les directeurs d'œuvres d'assistance par le travail de Paris. « Les sans-travail » qui se présentent sont interrogés par le directeur; on leur lit le règlement; après une rapide enquête ceux qui sont choisis sont envoyés à l'œuvre d'assistance par le travail du refuge Nicolas Flamel jusqu'au moment de leur départ pour la Colonie. Tout individu qui se conduit mal ou dont le travail est insuffisant au refuge est rayé de la liste et les renseignements fournis par le directeur du refuge constituent de précieuses indications.

Nous aurions, avec la presque seule œuvre de la Chalmelle, due à l'initiative de la ville de Paris, terminé l'histoire des colonies agricoles françaises, mais il convient, à côté de ce mode d'assistance qui paraît difficile à acclimater en France, d'en mentionner un autre présentant avec lui quelques analogies : les Jardins ouvriers, dont le développement est le fait saillant, chez nous, de ces dernières années, en matière d'assistance par la terre. L'assistance par les Jardins ouvriers que nous avons vu pratiquer déjà à l'Étranger, a pour but essentiel de fournir à l'ouvrier un supplément de recettes par la culture, à ses heures de loisir, d'un petit jardin potager qu'on lui donne ou qu'on lui loue pour presque rien, qui le dispute, grâce à la salutaire fatigue de la culture, aux plaisirs malsains, à l'alcoolisme, et qui assure sa bonne tenue morale.

JARDINS OUVRIERS

En France un grand nombre de villes ont maintenant des Jardins ouvriers. L'œuvre de la reconstitution de la famille de Mme Hervieu, à Sedan, est l'un des premiers essais de ce genre. Elle a fondé il y a une quinzaine d'années, une société qui a pris en location, à proximité de Sedan, diverses parcelles de terre mesurant ensemble de 20 à 25 hectares. Elle en a réparti la jouissance gratuite entre divers ouvriers de la ville, proportionnellement au nombre de têtes composant la famille. Ceux-ci ont ensemencé en légumes le lot qui leur était attribué et depuis lors ils ont pris à la culture potagère un tel goût qu'ils s'y livrent non seulement les dimanches et fêtes, mais chaque jour, le matin, avant de se rendre à l'atelier et le soir après en être sortis.

Au Creusot, MM. Schneider et Cie ont, depuis la fondation des usines, mis à la disposition de leurs ouvriers des jardins : il y a actuellement 2.403 jardins d'une contenance de 180 à 500 mètres carrés, au total plus de 105 hectares, qui sont loués au prix annuel de 1 franc l'are (le prix des terrains variant par conséquent de 1 fr. 80 à 5 francs par an). Ces jardins, situés dans les différents quartiers de la ville, doivent être cultivés par les ouvriers eux-mêmes qui en récoltent les produits. Comme il y a beaucoup plus de demandes que de jardins disponibles, ceux-ci sont donnés suivant un classement qui tient compte du nombre d'années de service à l'usine, du nombre des enfants travaillant, ne travaillant pas ou infirmes; du nombre des parents à la charge de l'ouvrier; des blessures reçues à l'usine; du temps de service passé par les parents à l'usine; des notes de travail à l'atelier.

Les ouvriers sont appelés à choisir leurs jardins parmi ceux vacants par suite de départ, décès, retraite, et ce dans l'ordre du classement.

Tout ouvrier quittant l'usine peut conserver son jardin à titre gratuit pendant autant d'années qu'il a de dizaines d'années de service.

Le jardin est un but de promenade et de délassement pour toute la famille ; la femme et les enfants s'y rendent pendant la belle saison et souvent y passent l'après-midi du dimanche. L'ouvrier creusotin donne à la culture de son jardin le temps que lui laisse disponible son travail. Le temps passé dans son jardin par l'ouvrier travaillant de jour peut se décomposer ainsi :

Du 15 mars au 15 octobre, 1 h. par jour et la 1/2 journée du dimanche, soit sept mois à 20 jours, déduction faite des jours de mauvais temps, 140 h., plus la 1/2 journée du dimanche, 140 h., soit au total 280 heures.

Les revenus et dépenses de 300 mètres carrés (moyenne du jardin du Creusot) sont approximativement les suivants :

REVENUS :

	valeur
1 planche de carrottes.	10 fr.
— d'oignons.	10 fr.
— d'ails.....	10 fr.
2 — de salade, laitue, chicorée....	10 fr.
200 choux, cabus, de Milan, d'York.....	40 fr.
2 feuillettes de pommes de terre........	9 fr.
1 planche de poireaux	6 fr.
2 — d'haricots ramants et nains...	20 fr.
2 planches de pois ramants et nains..	15 fr.
Fraisiers en bordure des allées	8 fr.
Persil, cerfeuil, oseille épinards	6 fr.
TOTAL	144 fr.

N. B. Tous les légumes sont consommés par la famille.

DÉPENSES

	valeur
Fumier, 1 mètre cube	7 fr.
Achat de plantes et de graines (1).........	8 fr.
Location du jardin...	3 fr.
TOTAL	18 fr.
Soit un revenu annuel de..........	126 fr.

La valeur du temps passé par l'ouvrier dans son jardin n'est pas comptée.

(1) Beaucoup d'ouvriers récoltent eux-mêmes leurs graines pour l'année.

Dans certains jardins, un carré est semé en fourrage artificiel (trèfle) en remplacement des pommes de terre, pour nourrir les lapins. Le revenu paraît être égal à celui donné par les pommes de terre.

Beaucoup de ces jardins sont arrangés avec goùt. C'est la note d'art de la cité industrielle : des plates-bandes d'œillets et de girotlées y apportent leurs parfums et les tournesols, les roses trémières, leur gloire. On y cultive souvent des arbres fruitiers et l'aspect de la cité à la floraison du printemps avec ses pêchers et ses cerisiers, est charmant. Pour nourrir de légumes une famille de six personnes, un potager de 2 ares et un champ de pommes de terre de même surface suffisent. Plusieurs ménages d'ouvriers, outre le jardin qu'ils reçoivent de l'usine et qu'ils consacrent aux légumes et au petit jardin d'agrément, louent à des fermiers, à l'année, du terrain que le fermier laboure et où ils plantent des pommes de terre.

A Champagne-sur-Seine, où MM. Schneider et Cᵢᵉ ont fondé de nouvelles usines d'électricité, ils ont également donné à leurs ouvriers 150 jardins d'une contenance moyenne de 4 ares.

Nous avons vu sous les yeux le compte rendu du Congrès international des Jardins ouvriers de 1903. C'est l'analyse fort intéressante d'environ 300 rapports. On y signale après l'œuvre de Mᵐᵉ Hervieu, les œuvres nombreuses issues de la Ligue du Coin de Terre et du Foyer, fondée en 1897 et présidée par M. l'abbé Lemire. L'enquête révèle l'existence de 134 œuvres de Jardins ouvriers, présentant un total de 6.453 jardins répartis en 204 groupes et couvrant une surface de 269 hectares 28 ares. En se tenant à une moyenne de sept personnes avec le père et la mère pour un jardin, on arrive à un total de 46.000 personnes assistées.

Ces œuvres ont été fondées tantôt par une personne charitable qui en a pris la responsabilité et en assure le fonctionnement, tantôt par un groupement de bonnes volontés qui s'est constitué à cet effet, tantôt par des associations existantes, sociétés de secours mutuels, conférences de St-Vincent de Paul, etc., tantôt avec l'aide des municipalités ou des bureaux de bienfaisance.

Parmi les œuvres dues à l'initiative individuelle, l'une des plus étendues est celle de St-Etienne ; elle est due à l'abbé Volpette. Celle de Fourmies qui compte 423 jardins, est due à M. l'abbé Gruson. On constate aussi la part prise par certains instituteurs à la création de Jardins ouvriers.

Parmi les œuvres collectives, on cite la coopérative de Lons-le-Saunier et un grand nombre d'associations à but non lucratif, telles que les sociétés de jardins ouvriers de Tours, Sedan, Chateaulin, Dijon, Amiens, Douai, Versailles.

La ligue antialcoolique fondée par le docteur Legrain, en 1895, a pris également dans deux de ses sections, à la Rochelle et à Nimes, l'initiative de la création de jardins aujourd'hui en pleine prospérité. A Nancy, le bureau de bienfaisance a créé, en 1900, une œuvre d'assistance par le jardin, de plus de 4 hectares : 163 lots de terre ont été répartis entre des familles dignes d'intérêt. Dans son dernier rapport au conseil municipal, en juillet 1903, le président rend aux jardins ouvriers le témoignage suivant : « C'est l'œuvre qui coûte le moins au bureau de bienfaisance parmi toutes celles qu'il subventionne ; elle est des plus efficaces au point de vue des secours et de leurs effets hygiéniques et moralisateurs. Par le travail, le secours se trouve transformé et multiplié et l'indigent devient lui-même l'artisan de son relèvement. Aussi la Commission administrative est-elle décidée, après trois années d'expérience, à compléter ce mode d'assistance dans la partie de la ville où son action bienfaisante ne s'exerce pas encore. »

Ailleurs, c'est le Conseil municipal qui a pris l'initiative de créer des jardins ouvriers, ou bien de fournir des terrains communaux comme au Cateau, ou d'assurer la location de terrains privés comme à Boulogne-sur-Mer ou à Reims, en confiant au Bureau de bienfaisance le soin d'administrer l'œuvre nouvelle et de désigner les familles indigentes, auxquelles les jardins pourraient être distribués. Enfin dans quelques villes, comme à Arras, des jardins créés par les municipalités sont administrés par une commission extra-municipale comprenant des conseillers municipaux et des personnes compétentes choisies en dehors du Conseil.

Le compte rendu de l'abbé Lemire recommande aux œuvres les baux à longs termes. Les locations verbales offrent sans doute souvent l'avantage de bénéficier d'un prix réduit, en s'appliquant à des terrains acquis en vue d'une revente et qu'on s'engage à restituer immédia-

tement en cas d'aliénation, mais l'inconvénient qu'elles
présentent se trouve précisément dans cette clause qui peut
priver le bénéficiaire du prix d'un défrichement souvent
pénible, de plantations, de constructions légères auxquelles
il s'est attaché par l'effort même qu'elles lui ont coûté; avec
un bail chacun sait la durée sur laquelle il peut compter.
A St-Gaudens, M. l'abbé Germier a loué 10 hectares pour
9 années au prix de 1.000 francs par an, avec faculté d'achat
à fin de bail, moyennant un prix prévu au contrat. C'est
là, ajoute le rapport, une excellente précaution qui donne
le temps pour constituer le capital nécessaire et peut permettre ultérieurement la cession de parcelles aux intéressés
en vue de les rendre propriétaires et de leur faciliter la
construction d'une habitation. Les prix de location varient
beaucoup : l'are se paie depuis 95 francs à Wissant jusqu'à
10 francs à Bercy. On peut évaluer le prix moyen à 2 fr. 50
l'are, soit 10 francs pour un jardin de 4 ares. Ce prix n'a
rien d'exagéré si on réfléchit que ces terrains doivent être
situés dans un faubourg, à proximité des habitations des
ouvriers auxquels ils sont destinés.

La question de l'eau d'arrosage joue également un rôle
important dans les charges annuelles : quelques villes,
comme Troyes, ont eu la générosité d'accorder à l'œuvre
des jardins ouvriers la gratuité pour l'eau qu'elle consomme.
A Boulogne-sur-Mer, la municipalité donne une subvention sous une autre forme; elle fait transporter dans le
voisinage des jardins des gadoues suffisantes pour fournir
gratuitement d'engrais tous les concessionnaires. A Cler-
mont-Ferrand, les organisateurs des concours hippiques
accordent aux jardins ouvriers le droit d'enlever, sans
rétribution, le fumier produit par les chevaux. A Romans,
à Carcassonne, les semences sont fournies gratuitement
par les horticulteurs de la ville. Dans la banlieue de Paris,
MM. de Vilmorin les fournissent aussi gratuitement.

Le compte-rendu du Congrès examine ensuite les conditions auxquelles sont fournis les jardins (1).

(1) *Congrès international des Jardins ouvriers*, (Paris 24 et 25 octobre 1903). Compte-rendu rédigé par M. l'abbé LEMIRE, député, avec la
collaboration de M. Louis Rivière, secrétaire du Congrès. — In-8 de 382

La plupart des œuvres privées, étant constituées dans un but charitable, accordent aux ouvriers la jouissance gratuite de leur parcelle mais se bornent à cela. Voilà de la terre; débrouillez-vous, disait l'un des premiers fondateurs des jardins de Rosendaël. Ailleurs on a estimé que les ouvriers souvent étrangers à la culture étaient incapables de se tirer d'affaire tout seuls et qu'il fallait leur mettre en mains graines, engrais, outils, sans préjudice de conseils pratiques. C'est l'avis, entre autres, du fondateur d'Hennebont. Quelquefois, tout en concédant les jardins gratuitement, les œuvres exigent des ouvriers des versements réguliers en vue de constituer un fond d'épargne ou de mutualité. A Hennebont, M. Chevassu impose à ses ouvriers l'obligation de tenir leur jardin constamment couvert de culture, hiver comme été. Il leur fournit conseils, exemples et semences à cet effet. Celui qui ne cultive pas ou cultive mal se voit, après un premier avertissement, retirer son jardin. A Fourmies, la culture de la pomme de terre doit-être limitée aux espèces de primeurs ou tardives; tout jardin dans lequel la proportion en pommes de terre dépasse 1/4 de la superficie totale perd un point lors du concours annuel. M. le curé Gruson estime qu'il est préférable d'acheter la grosse provision de pommes de terre et de cultiver des légumes d'un produit plus rémunérateur.

Les jardins sont donnés de préférence aux familles les plus nombreuses : c'est une sorte de sursalaire concédé au père de famille en raison des charges exceptionnelles et qui lui est attribué précisément sous une forme alimentaire. A Reims, une famille de 15 personnes a reçu le plus grand de tous les jardins, d'une contenance de 450 mètres carrés, auquel elle a trouvé moyen de faire produire dans l'année 400 francs, d'après les comptes tenus par la mère de famille, soit près de 0 fr. 90 par mètre. On remarque d'ailleurs que

les jardins des familles les plus nombreuses sont généralement les mieux tenus. Citons, enfin, parmi les conditions
imposées à la plupart des jardiniers, le repos dominical.
Une expérience prolongée, dit le compte rendu, prouve
qu'on peut cultiver les jardins et y obtenir de beaux légumes
sans travailler le dimanche. A St-Etienne, M. Volpette dit
avoir concédé des coins de terre « à des socialistes déclarés,
à des anarchistes même », sans leur demander aucune pratique religieuse, mais il a imposé à tous l'obligation de s'abs-
tenir de travailler le dimanche ; et tous ont été fidèles à cet
article du règlement. De même à Bercy.

Un chapitre intéressant du compte rendu du Congrès de
1903, est consacré aux résultats matériels des Jardins
ouvriers.

Le produit des jardins est essentiellement variable, car
il dépend à la fois de la contenance, de la nature du terrain
et de l'habileté du jardinier. Le produit moyen brut est
évalué de 15 à 25 francs l'are, soit de 45 à 75 francs pour un
jardin de 3 ares. Ce chiffre est plus faible que celui indiqué
pour le Creusot. M. Fontaine, signale, il est vrai, des jardins dont le produit va jusqu'à 100 francs.

Le compte-rendu des jardins de Valenciennes donne le
rendement mois par mois, et il atteint 75 francs au bout de
l'année.

A Tours, le produit atteindrait 140 francs grâce aux arbres
fruitiers.

A Lyon, à Reims, à Sceaux, les évaluations montent à un
taux particulièrement élevé, sans doute en raison des ressources que présente au point de vue d'un écoulement
avantageux le marché d'une grande ville.

Si on compare le produit à la dépense, le chiffre du produit est dans certain cas quatre fois, parfois dix fois, celui
de la dépense ; mais cette appréciation n'est confirmée par
aucun relevé précis.

Ce qui paraît certain c'est que la multiplication du secours
est sensible (1). En tous cas, partout les bénéficiaires se

(1) Donner à un ouvrier un secours de 10 francs, c'est lui donner
pour 10 francs de soulagement et de bien-être, mais sous la forme de
prêt du jardin, ces 10 francs semblent se reproduire ; la terre elle-même
coopère à la charité.

félicitent hautement du résultat. On en a la preuve par l'empressement qu'ils mettent à s'assurer la continuation de leur jouissance et par la facilité avec laquelle on obtient d'eux un prix de fermage, quand on croit devoir l'exiger au bout de quelques années.

Très généralement les rapports constatent d'année en année l'amélioration des cultures, provenant de l'expérience acquise et des indications techniques fournies aux intéressés. Ainsi l'œuvre catholique des jardins de Nancy remet à tous ses jardiniers une notice donnant le texte du règlement et des renseignements pratiques sur la culture des potagers dans la région de Nancy.

M. Lemaille, dans un travail très complet publié en 1903 *(Les Jardins ouvriers au point de vue économique et social)*, a établi deux plans de jardins, disposés suivant un assolement triennal. Chaque jardin est divisé en quatre carrés, trois d'entre eux étant affectés à chaque année d'assolement (foliacées, racines, cosses et graines), le quatrième réservé aux artichauts et aux primeurs. Le produit d'un jardin de 250 mètres ainsi cultivé est évalué par l'auteur à 160 francs.

A Hennebont, M. Chevassu préconise une culture très simple comprenant une dizaine de légumes, d'abord la pomme de terre, ensuite les choux, oignons blancs et rouges, poireaux, rutabagas, betteraves et choux-vache pour engraisser un porc.

A Carcassonne un horticulteur s'est intéressé à l'œuvre des Jardins ouvriers comme chef de culture. Deux ou trois fois par mois il se rend dans les diverses sections et donne à chacun renseignements et conseils. Il a établi une sorte de tableau synoptique de tous les travaux à effectuer, imprimé en forme de placard, de manière à pouvoir être affiché dans l'habitation.

A Reims, un Jardin ouvrier de 3 à 4 ares va être créé à titre de modèle. On y cultivera les légumes les plus avantageux au bien-être de la famille ouvrière. Des étiquettes et indications spéciales, renouvelées tous les mois, permettront aux intéressés de savoir ce qu'ils auront à faire pendant le mois suivant.

A Sceaux, une école d'arboriculture fruitière va être installée pour l'œuvre, et des conférences ont été faites par le secrétaire du syndicat des maraîchers de la Seine.

Parmi les cultures accessoires des jardins ouvriers il convient de citer : A Tours, des arbres fruitiers (pêchers, pruniers, cerisiers), des vignes, des framboisiers, augmentent d'une manière appréciable le produit du jardin. M. Fontaine compte installer à Beaune des ruches qui donnent un bon produit.

Le compte rendu signale encore parmi les résultats des jardins ouvriers l'achat collectif de semences et d'engrais comme cela se fait en Angleterre. A Wissant on fait une collecte de 0 fr. 75 par jardin, dont le produit sert à acheter les graines pour tout le monde. A Amiens le comité de de l'œuvre achète les semences en gros et les cède à prix coûtant aux ouvriers.

Au point de vue de la lutte anti-alcoolique, les rapports sont d'accord pour reconnaître l'heureuse influence qu'exerce le jardin ouvrier. Voici un témoignage : « Ici, disait un père de 4 enfants, ayant un jardin à Sceaux, ici, je gagne deux fois mon loyer; une fois avec le produit de la culture, une autre fois avec les économies que je fais depuis que je ne vais plus au cabaret ». « Le plus grand profit de notre jardin, dit une mère de famille de Reims, ne consiste pas tant dans les légumes que nous avons mangés que dans les petits verres que mon mari n'a pas bus. » Le compte-rendu fait ressortir aussi la bonne influence du jardin sur le développement des nouveaux-nés, qui peuvent y faire leurs premiers pas, et également au point de vue de la lutte contre la tuberculose.

Des associations se sont formées non seulement pour l'achat de graines ou d'engrais, mais pour développer l'épargne et la mutualité. A Nantes, M. Ouvrard impose à ses jardiniers un versement de 0 fr. 25 par semaine dont le montant doit être employé en livrets de caisse d'épargne. A Fourmies une caisse alimentée par des versements hebdomadaires de 0 fr. 60 doit servir à l'achat en gros de diverses marchandises. C'est en réalité une coopérative sans magasin.

Le compte-rendu cite plusieurs exemples de collaboration entre des œuvres de Jardins ouvriers et des œuvres d'habitations à bon marché. A Orléans, entre autres, la société des

Jardins s'est adjoint une société de construction d'habitations à bon marché ; sept maisons ont été construites.

Parmi les sociétés industrielles qui ont donné, comme le Creusot, des jardins à leurs ouvriers, il faut citer MM. Firmin-Didot au Mesnil, Menier à Noisiel, Bouillon à Larivière, A Mulhouse, Guebviller, Niederbronn, des industriels alsaciens ont fait de même ; dans le Nord, les compagnies de mines d'Anzin et de Lens.

Le compte-rendu signale que pendant la crise récente de l'industrie textile certains ouvriers sans ouvrage ont trouvé à Reims un secours précieux dans leur jardin ; ils ont pu traverser la période difficile du chômage sans faire de dettes.

Le docteur Lancry disait : à la campagne le jardin ouvrier permet souvent par son rapport de payer la maison ouvrière.

En réunissant plusieurs familles dans le même coin de terre, en groupant les enfants près des parents réunis, l'œuvre des jardins, fait remarquer M. Rochelle dans la *Réforme sociale* (nov. 1903), tendra à reconstituer la famille. Les vieux, si inutiles et si embarrassants dans l'étroit logis de la ville, viendront là se distraire et travailler un peu, sous le chaud soleil qui ranime. Le père saura employer les longues heures de chômage forcé et les enfants éviteront l'immorale prosmicuité des rues du faubourg.

Au Congrès de 1903 un assez grand nombre de membres furent d'avis que les jardins ne soient pas prêtés, mais loués. On discuta. Quelques-uns, avec le docteur Calmette, directeur de l'Institut Pasteur de Lille, demandaient la gratuité absolue, préférant avant tout faire œuvre d'assistance et de préservation physique et morale. Plus nombreux cependant furent, parmi eux, ceux qui voient surtout dans les jardins ouvriers un mode d'éducation populaire. Ils veulent s'en servir pour relever l'ouvrier, lui enseigner l'économie, lui donner l'habitude de la propriété. M. Bielefeldt, de Berlin, fit remarquer que la Croix Rouge allemande réunit les deux moyens et de la sorte les deux avantages. Mme Changeux, de Reims, l'appuya et le Congrès émit un vœu laissant à tous la liberté, mais encourageant ceux qui emploient à la fois le système de la gratuité absolue et celui de la rétribution. — Dans certains cas, en effet, la famille sera si profondément misérable qu'on ne pourra d'abord exiger d'elle le plus petit effort moral ; lui demander une cotisation serait inutile ; c'est avant tout une épave qu'il faut sauver. Donnons-lui donc le jardin : arrachons-la à la misère. Dans d'autres circonstances, au contraire, on se trouve en présence de familles de travailleurs qu'éprouvent le nombre des enfants, la maladie, les infirmités et le chômage ; la vie est dure pour ces pauvres gens ; mais avec un jardin plein de légumes qui les nourrissent le soir, ils pourront faire face aux lourdes charges qui les accablaient. On pourra les inviter à une modeste rétribution ou les exciter à une consolante épargne.

Terminons cette revue des œuvres de jardins ouvriers français, en donnant le texte de quelques-uns des vœux les plus intéressants émis par le Congrès de 1903 :

2° Que la loi du 30 novembre 1894 sur les habitations à bon marché soit modifiée de façon à permettre aux Jardins ouvriers de profiter des avantages de cette loi (Proposition Siegfried).

3° Que la loi du 21 mars 1884 sur les syndicats professionnels soit modifiée pour permettre à ces syndicats de devenir propriétaires, par conséquent de posséder des Jardins ouvriers.

5° Convaincu que les Jardins ouvriers sont une forme d'assistance éminemment pratique et morale, le Congrès émet le vœu que les bureaux de bienfaisance emploient à cet effet une part de plus en plus importante de leurs ressources, soit en organisant eux-mêmes des Jardins ouvriers, soit en donnant des allocations aux œuvres privées qui s'en occupent et que la loi soit réformée pour permettre de concéder des baux à longs termes pour la création de Jardins.

13° Que les patrons et industriels s'efforcent partout où cela sera possible de mettre des terrains à la disposition de leurs ouvriers pour la création de Jardins.

14° L'œuvre des Jardins ouvriers est invitée à prêter son concours aux œuvres d'assistance, de prévoyance et d'hygiène sociale, notamment à celles qui se proposent de lutter contre l'alcoolisme, l'insalubrité du logement et la tuberculose, et à nouer avec elles d'étroites relations.

15° Que les terrains militaires des villes fortifiées soient mis, dans la plus large mesure possible, à la disposition des sociétés privées ou des établissements d'hygiène et de bienfaisance pour y créer des Jardins en faveur des familles nécessiteuses et qu'il en soit de même des terrains militaires déclassés.

22° Que l'attention des évêques soit attirée sur l'importance qu'il y aurait à intéresser les étudiants en théologie aux études et aux soins horticoles, afin qu'ils puissent efficacement et pratiquement travailler à développer l'amour du foyer et de la terre en ayant un presbytère et un jardin modèle.

23° Que les Sociétés d'horticulture patronnent les Jardins ouvriers en les aidant suivant les moyens dont elles disposent.

Au dernier chapitre du beau livre, déjà cité, que M. Rivière a consacré cette année aux Jardins ouvriers, l'auteur montre comment cette institution des Jardins ouvriers, inaugurés au point de vue spécial de l'assistance par le travail, a progressivement élargi son rôle pour devenir une véritable œuvre de relèvement social, de reclassement définitif pour des familles près de glisser dans le paupérisme. La condition essentielle pour obtenir ce relèvement, c'est de présenter à ces familles, comme but à atteindre, un idéal à leur portée. Il n'existe pas de pensée plus déprimante que cette conviction que l'effort d'aujourd'hui ne saurait avoir d'autre résultat que de permettre de recommencer demain et toujours, jusqu'à épuisement des forces, le même travail sans que jamais la position puisse devenir meilleure. C'est ce que Ch. Dickens exprimait en disant : « Tant d'heures, tant de jours, tant de longues nuits de travail, sans espoir, sans joie, sans feu — non pour amasser des richesses, non pour vivre grandement ou gaiement, mais pour manger du pain sec et pour réunir à grand peine juste de quoi pouvoir travailler et souffrir encore. » La bicyclette et le tramway électrique, en permettant à l'ouvrier de demeurer plus loin de l'atelier, sont les instruments de retour à la maison individuelle entourée d'un jardin. Si ce petit bien de famille d'une valeur inférieure à 6.000 fr. obtenait le privilège de l'insaisissabilité, comme le propose M. Mougeot dans un projet de loi qui vient d'être soumis au Conseil d'État, ce serait une première sécurité pour l'avenir de la famille. Plus tard le transport électrique de la force à distance permettra le retour à l'atelier de famille installé jusqu'au village : et le retour de l'ouvrier au village amènera une reprise du travail de la terre, surtout quand la diminution progressive de la durée du travail aura assuré à l'ouvrier la libre disposition d'un certain nombre d'heures en dehors de l'atelier. Enfin les communes rurales possèdent un domaine de 1.600.000 hectares de terrains improductifs, dont 600.000 au moins sont situés à proximité des bourgs et des villages. Au lieu de les livrer complètement à la vaine pâture, les Conseils municipaux pourraient en distraire une notable partie pour la répartir en allotissements dont les habitants et leurs familles retireraient de notables avantages. — C'est la solution que préconise M. Roger Graffin dans un travail remarquable qui a remporté le prix dans le concours ouvert en 1899 par la Société des agriculteurs de France. Or ces allotissements concédés par les communes, moyennant une redevance individuelle, ne sont autres que les Jardins municipaux, dont il a été parlé plus haut. En les multipliant on réveillera l'amour de la terre chez un nombre toujours plus grand d'hommes et cet amour les libérera des séductions de la grande ville.

III

COLONIES PROTESTANTES

Chaque fois qu'on a refait l'histoire des Colonies agricoles, on n'a pas manqué de se demander pourquoi dans notre pays, après avoir pendant un siècle beaucoup écrit, fait un nombre imposant d'excellents rapports sur les Colonies agricoles ou horticoles, on en ait si peu créé. Dans une étude faite en 1897 par un jeune pasteur protestant, nous trouvons, après une semblable constatation, cette observation : « Il n'y a pas lieu de s'en étonner étant donnée la différence du sol des deux pays ; d'une part

d'immenses étendues incultes à défricher, de l'autre presque aucune parcelle de sol qui n'ait été remuée, qui ne
puisse rapporter, qu'on ne se dispute : Où fonderait-on
ces Colonies agricoles? » Nous venons de voir qu'il y a au
contraire en France — M. Graffin nous le dit — une très
grande superficie de terrains improductifs qu'on pourrait
utiliser à cet effet.

Dans la même étude à propos de l'ensemble de nos
œuvres d'assistance, l'auteur (c'était il est vrai en 1897)
écrit ceci : Ce qu'on fait dans notre pays est bien peu de
chose si on le compare avec ce qui a été fait en Allemagne!
Aurions-nous tort d'attribuer en outre cette différence à
la différence d'esprit religieux des deux pays : l'esprit
protestant et l'esprit catholique; l'assistance par le travail
est-elle conciliable avec le catholicisme où l'aumône joue
un si grand rôle? » Nous n'adopterons pas non plus sans
réserve cette explication.

Sans doute l'influence évangélique sur le développement
des Colonies agricoles allemandes fût considérable, mais
nous avons vu d'autre part qu'à l'Étranger, en Belgique
par exemple, de nombreuses œuvres d'assistance par le
travail ont été créées par l'initiative catholique, et que
beaucoup d'autres fondations n'ont aucune origine confes-
sionnelle, et, si nous ne considérons que notre pays,
nous avons vu que la seule Colonie existante est d'origine
franchement laïque, que le développement des Jardins
ouvriers est dû en majeure partie au clergé catholique,
et que si les œuvres des Jardins paraissent avoir eu
surtout un but de propagande religieuse et se présentent
souvent sous la forme, socialement moins intéressante,
d'institutions dites patronales, elles n'en ont pas moins
réalisé des résultats qui permettent enfin d'opposer quelques créations aux nombreuses créations de nos voisins
et d'espérer qu'en matière d'assistance par la terre il va
enfin se produire parmi nous un réveil.

Peut-être, ayant vu les choses sous cet angle, devrons-
nous, pour être justes, encore qu'il puisse en coûter
davantage à notre amour propre, poser autrement la question et nous demander si, en France, notre protestantisme
ne pourrait pas essayer de faire, en matière de Colonies

agricoles et toutes proportions gardées, ce que le protestantisme allemand a fait et en matière d'assistance par les jardins, un peu de ce que le catholicisme français vient de faire et continue à faire.

Peut-être la Commission d'action sociale pourrait-elle, prêchant d'exemple, mettre à l'étude, comme le suggère M. Gide, le projet de création d'une Colonie agricole ou horticole voire même d'une simple œuvre de jardins d'assistance. Les guides et les conseils ne lui manqueraient pas pour cette œuvre préparatoire : Avec M. Gide qui a ouvert la voie et dont le concours expérimenté et cordial ne lui a jamais fait défaut, elle aurait pour l'aider les beaux travaux de nos derniers Congrès d'assistance : De précieux renseignements pourraient être puisés dans les rapports de MM. Coulon, Cheysson, Rivière, dont cette étude est en plusieurs points l'analyse. Elle trouverait aussi les conseils techniques indispensables pour éclairer les bonnes volontés de ses membres qui ne sont pas nécessairement tous experts en agriculture. De même que les promoteurs de l'œuvre des Jardins ouvriers ont eu recours aux enseignements des Sociétés et Écoles d'agriculture et d'horticulture, voire même aux conseils du Syndicat des maraîchers de la Seine, elle pourrait s'adresser par exemple, au distingué Dr de l'Institut agronomique et à bien d'autres sources.

Nous voudrions tenter seulement dans la dernière partie de cette étude, de circonscrire le problème, et après avoir écarté quelques solutions qui paraissent peu pratiques pour le moment, d'indiquer les lignes principales du programme proposé simultanément par MM. Coulon et Cheysson au Congrès de Bordeaux et qui pourrait servir de thème de discussion à la Commission.

Rappelons d'abord les carastéristiques du type des Colonies allemandes qui est aussi celui adopté à la Chalmelle. Il s'agissait d'assister le plus grand nombre possible de « sans-travail » de toutes catégories, de tous âges, en les occupant, temporairement seulement, à l'exploitation du sol, en leur cherchant des situations fixes, et en profitant de leur court séjour pour leur donner avec l'appui matériel un appui moral. Dès que l'assisté était capable de rentrer dans la vie normale et de produire assez pour se suffire à lui-même, on l'éloignait de la Colonie en lui donnant une position aussi stable que possible.

Nous écarterons pour le moment ce type de Colonie d'abord, parce qu'il coûte cher à établir et que nous devons commencer modestement, si nous voulons avoir chance d'aboutir à la création d'une œuvre viable. Nous avons constaté en effet que pour qu'un domaine exploité avec une main-d'œuvre, comme celle de la Chalmelle, puisse donner de bons résultats financiers, c'est-à-dire couvre ses frais ou fasse des bénéfices, il faudrait que ce domaine fût d'excellente qualité (ce qui le rendrait cher à acquérir), afin de compenser dans une large mesure le facteur travail qui est insuffisant et surtout irrégulier (étant donné le mode de recrutement), par le facteur sol et le facteur capital. Nous l'écarterons aussi, parce qu'avec M. Gide nous croyons plus intéressant d'essayer de réaliser l'assistance, non temporaire, mais permanente. Nous retiendrons toutefois cette réflexion fort judicieuse inspirée à M. le directeur Malet par la pratique de sept années d'exploitation : « Un établissement agricole d'assistance devrait être situé auprès d'une grande ville, afin d'écouler facilement les produits du potager qui peuvent être abondants. » Nous retiendrons aussi cet autre avis du directeur de Chalmelle : « Il conviendrait peut-être d'associer à la Colonie agricole une petite Colonie industrielle permettant, en hiver, l'emploi d'un grand nombre de bras. »

Nous n'envisagerons pas non plus l'idée d'une Colonie du type de l'Armée du salut ou du type hollandais et cela pour d'autres raisons : les colons de Fort Amity dont M. Booth nous montre la rapide et séduisante réussite appartiennent, il ne faut pas l'oublier, à ces races jeunes dont les qualités essentielles sont : l'initiative, la persévérance, une certaine habileté, qui n'est pas toujours de mauvais aloi, à se faire valoir, à se tirer d'affaire une fois le pied à l'étrier, enfin à une certaine confiance en ses propres forces allant jusqu'à l'audace qui risque une première fois et, ayant échoué, risque une deuxième et une troisième fois. Ces qualités fort atténuées sans doute dans la classe inférieure des ouvriers, dont nous parle M. Booth, puisqu'ils n'ont pas réussi à faire leur trou à la ville, se rencontreraient-elles à un degré quelconque chez nos assistés? Même en les choisissant mieux que les pensionnaires de la Chalmelle, même en les encadrant de spécialistes qui les guideraient, il est douteux qu'ils parviennent aux résultats obtenus par les colons de l'Armée du salut. Mais de ces œuvres aussi nous retiendrons quelque chose; d'abord les bons effets de l'action évangélique, puis l'idée d'utiliser peut-être pour l'œuvre à créer, ou en tout cas de ne pas repousser à priori la main-d'œuvre globale de toute une famille, la petite main des enfants venant apporter, sans grande fatigue, leur appoint au budget familial. Nous retiendrons aussi cette expérience que nous retrouverons ailleurs : Pour réussir une exploitation agricole il faut faire une certaine sélection entre les plus aptes de nos indigents urbains. Enfin nous ne quitterons pas M. Booth sans rappeler qu'il fit collaborer les assistés à la construction ou tout au moins à l'entretien des bâtiments nécessaires à l'exploitation agricole.

Voici deux solutions écartées. Avant d'aller plus loin et de chercher à construire, situons dans l'espace, sinon encore dans le temps, notre Colonie. Nous l'admettrons fondée aux environs de Paris et par conséquent destinée surtout aux « sans-travail » de la Capitale. La proximité d'une grande ville, nous l'avons vu, facilitera la vente des produits et il y a à cela d'autres avantages que M. Coulon met bien en lumière dans son rapport de 1903, auquel nous emprunterons, pour nous aider à poursuivre cette étude, les considérations suivantes.

Après avoir constaté, d'après un tableau statistique assez concluant, que d'une part les travailleurs désertent l'agriculture pour l'industrie et que d'autre part ceux qui ont dépassé la cinquantaine et même la soixantaine trouvent plus facilement à s'employer aux champs qu'à la ville, M. Coulon conclut ainsi :

La solution qui s'impose à l'initiative privée, c'est de provoquer chez les valides âgés une tendance en sens inverse de celle qui se produit chez les valides jeunes et de ramener vers la terre ceux qui l'ont imprudemment abandonnée. C'est, ajoute M. Coulon, vers cette solution que tendent les sociétés d'assistance, quand elles se trouvant en présence de valides âgés originaires des départements. Elles leurs offrent de faciliter leur rapatriement. Mais ces malheureux ont pour la plupart perdu depuis longtemps tout domicile de secours. Depuis 25, 30 ou 40 ans, ils ont quitté leur pays natal; ils y sont complètement oubliés. Les y ramener serait les exposer à un abandon plus pénible encore que celui contre lequel on voudrait les défendre. N'y a-t-il donc, se demande M. Coulon, aucune combinaison qui permette d'occuper d'une façon permanente aux travaux de la campagne un homme sans emploi?

Rappelant les essais faits par Mme Hervieu à Sedan, M. Coulon constate d'abord que l'ouvrier industriel, même âgé de 45 à 50 ans peut, sans un long apprentissage, s'adonner à la culture des légumes, exception faite bien entendu de la culture raffinée qui a pour objet la production des primeurs. C'est là une constatation que nous avons faite depuis de longues années aussi au Creusot et qu'on retrouve dans les rapports du Congrès international des Jardins ouvriers d'octobre 1903.

Ces dispositions s'expliquent aisément, dit M. Coulon. Sans doute si l'ouvrier, habitué au travail bruyant et fiévreux de l'usine, était subitement condamné à parcourir de longs espaces en poussant la charrue devant lui, la vie des champs lui paraîtrait singulièrement monotone, mais la culture potagère donne rapidement des produits; elle est variée, animée, fertile en surprises et, lorsque plusieurs s'y livrent de concert, elle provoque de leur part une émulation qui les passionne. Dans le but d'encourager les ouvriers jardiniers à perfectionner leurs modes de culture, on a souvent, dans les œuvres de Jardins ouvriers, institué des concours et des prix (1).

M. Cheysson cite aussi l'exemple donné par la Colonie agricole créée par le département de la Seine, à Dun-sur-Auron, en faveur des épileptiques, des déments et des

---

(1) A Amiens et à Beauvais les sociétés départementales d'horticulture organisent depuis 1901 un concours annuel spécial pour petits jardins cultivés par les ouvriers. La Société française des habitations à bon marché, grâce à un don généreux de Mme Frédéric Hartmann, de Münster

imbéciles, qui prouve que l'on peut transformer en travailleurs ruraux des individus ne jouissant que d'une partie de leurs facultés intellectuelles. A fortiori, lorsqu'il s'agit de personnes saines d'esprit.

Mais revenons au projet de M. Coulon. Ne serait-il pas possible, se demande-t-il, d'employer en qualité de maraîchers les valides âgés sans métier et sans travail? Et il fait ensuite cette remarque ingénieuse que précisément l'importance du travail à exécuter est dans un rapport très exact avec le nombre de ceux qui seront appelés à l'entreprendre : plus une agglomération est importante et plus le nombre des ouvriers inoccupés est élevé; mais aussi plus est considérable la production maraîchère nécessaire à l'alimentation publique.

M. Cheysson a rappelé d'autre part qu'il y avait en France beaucoup de domaines à vendre à bas prix, que la plupart de ces domaines comprenaient des constructions importantes qui n'entraient que pour une part insignifiante dans la valeur de la propriété. Il ne manque pas d'occasion de ce genre, ajoute-il; ce sont de grandes propriétés qu'on licite pour cause de partage de mineurs ou de mauvaises affaires; ce sont des usines abandonnées ou des abbayes délaissées. Avant de créer la Ruche, cette maison de retraite pour les buveurs qu'il vient d'organiser au Pré St-Gervais, M. le pasteur Robin avait adressé un chaleureux appel aux protestants de France, afin de trouver une propriété qui put répondre à son but. Une offre d'une grande propriété, d'une valeur de 500.000 francs, lui fut faite pour le prix de 50.000 francs.

L'Université populaire de la *Coopération des idées* n'a-t-elle pas aujourd'hui sa villa au Bois de Boulogne? Il ne parait pas impossible de trouver assez près de Paris, sinon à acheter, au moins à louer à bail avec promesse de vente, une propriété dans laquelle on réaliserait un type de colonie analogue à celui préconisé par M. Coulon et qui permettrait d'éloigner de leur taudis parisien, en les plaçant dans la campagne suburbaine, un certain nombre de « sans-travail » âgés, avec ou sans famille, que nous désigneraient nos diaconats et qui pourraient être choisis par une Commission spéciale déléguée à cet effet. On les prendrait de préférence parmi les valides âgés de 45 à 50 ans. On éviterait avec soin d'introduire des vieillards, car l'homme âgé, incapable de travail, sort de la catégorie des valides âgés admissibles dans une Colonie agricole. A part quelques ouvriers de métiers, parmi lesquels on pourrait admettre un menuisier, un serrurier, un charron, etc. qui tout en aidant à la culture pourraient travailler à l'entretien du matériel, on choisirait, parmi les plus dignes d'intérêt, de préférence des manœuvres élevés à la campagne et qui l'auraient désertée dans leur jeune âge pour chercher fortune à Paris.

Notre Colonie est située. Nous avons déterminé la catégorie des colons, reste à fixer leur nombre. Il dépendra des ressources qu'on réunira, mais l'un des avantages du type de projet que nous avons retenu est qu'il peut se réaliser d'abord très modestement : 3 ou 4 familles d'ouvriers sans travail avec peut-être quelques célibataires ; une douzaine d'hommes valides en tout : tel pourrait-être le premier noyau de la Colonie. Il s'agit de loger ces colons, de leur donner des outils et de la terre, et de diriger leurs premiers pas. C'est au capital à entrer en scène. MM. Coulon et Cheysson préconisent une société civile fondée entre les quelques personnes que l'on aurait intéressées au projet. Elle serait constituée, dans les termes du droit commun, en vue d'exploiter une propriété rurale. Une partie du capital souscrit serait consacrée à l'acquisition du domaine ou à sa location à bail, une autre à son aménagement, une troisième serait mise en réserve pour parer à l'imprévu.

Ce domaine pourrait n'être au début que de 2 ou 3 hectares et on le diviserait en un nombre de lots d'une étendue suffisante pour permettre à quelques ménages d'ouvriers, chargés de les cultiver, de vivre eux et leur famille avec les légumes qu'ils produiraient pour leur consommation et dont ils vendraient l'excédent (1).

Un *Hausvater*, qui serait aussi jardinier, au courant de la culture maraîchère, — peut-être un de nos diacres qui réunirait, comme à Wilhelmsdorf toutes ces aptitudes (ce serait le rêve) — serait installé sur les lieux et appointé par la Société. Il dirigerait les colons par ses conseils, son influence morale et religieuse; leur ferait les avances nécessaires pour se procurer des vêtements, des outils, des semences et des engrais. Il veillerait à leur logement dans les bâtiments existant dans la propriété aménagée à cet effet; d'autre part il organiserait la vente des légumes au marché et encaisserait leur prix pour le compte de chaque colon. A la fin de chaque mois, au moment du règlement, il prélèverait sur la somme revenant à chaque colon celle représentant les frais généraux (loyer d'habitation, assurance, frais du personnel, intérêt et amortissement du capital, etc.). Il serait chargé aussi de maintenir l'ordre dans la Colonie en vertu d'un règlement à observer sous peine d'exclusion. M. Coulon nous dit, et l'étude financière serait à faire complètement, que d'après les avis d'un ingénieur agronome qu'il a consulté, chaque colon pourrait assurer, avec la part de bénéfice lui restant, sa subsistance et celle de sa famille. Par ce système, à la fois permanent et coopératif, tous les bénéfices produits par le travail seraient encaissés par les travailleurs et le capital investi pourrait se contenter d'une rémunération de 2 à 2 1/2 pour cent. Ainsi s'associeraient dans une entreprise commune le capital peu exigeant de quelques hommes plus ou moins fortunés, désireux de faire œuvre de solidarité, et le travail modestement rémunéré et de moyenne qualité de quelques pauvres gens, la force capitaliste se colorant d'humanité et le travailleur retrouvant avec l'air pur et la santé, sa dignité perdue dans la promiscuité des taudis et dans l'habitude de l'aumône.

Passons en revue avec MM. Coulon et Rivière les critiques adressées à un tel projet au Congrès de Bordeaux :

1° Que fera-t-on des paresseux? Travaillant à son compte

----

(1) Nous avons vu qu'au Creusot 4 ares de jardin fournissent les légumes nécessaires à une famille d'ouvriers avec 2 enfants.

le paresseux sera, le premier, victime de sa paresse et on pourra provoquer son départ, s'il n'atteint pas un minimum de bénéfice lui permettant de subsister. Nous rappellerons le mot de Louis Blanc : Parmi des travailleurs associés la paresse aura bien vite le caractère d'infamie qui parmi des soldats réunis s'attache à la lâcheté, et il ajoutait : qu'on plante dans chaque atelier un poteau avec cette inscription : Dans une association de frères qui travaillent, tout paresseux est un voleur.

2° L'ouvrier qui a longtemps habité les villes ne se fera-t-il pas difficilement à la vie isolée de la campagne?

C'est là une des objections les plus grosses, mais si l'on prend des familles, et c'est peut-être ce qui doit encourager de préférence à recruter des colons mariés, l'isolement sera moins à redouter. Il est d'ailleurs possible d'organiser quelques distractions, jeux de l oules, bibliothèque, tir, quelques petites fêtes avec le concours des sociétés de musique de la région, etc.

3° La g osse difficulté réside dans le choix du directeur, chef jardinier, *Hausvater* mais c'est là une difficulté inhérente à toute entreprise humaine et qui n'a pas arrêté les pasteurs allemands et leurs diacres.

4° Les risques d'insuccès sont gros, puisqu'aucune expérience n'a été tentée en France. C'est là l'argument séculaire de toutes les routines. Le risque, pouvant d'ailleurs être réparti entre 100 ou 200 souscripteurs, ne sera pas bien considérable pour chacun. Si l'entreprise échoue le capital reste gagé en partie par l'immeuble rural et, si elle réussit, quel bel exemple à suivre! D'ailleurs l'idée, on pourrait presque dire l'œuvre, est dans l'air. Sera-ce la Commission des « sans-travail » qui la fera éclore?

5° On fait une autre objection. Lorsqu'en cours d'exploitation agricole il faudra modifier, ou améliorer, ou augmenter l'outillage, qui supportera cette dépense? Sera-t-elle imputable sur le compte capital ou sur le compte profits? En d'autres termes, cette entreprise constituera-t-elle un placement de fonds plus ou moins aléatoire, ou sera-t-elle une œuvre de pure bienfaisance?

Elle n'aura, comme certaines entreprises d'habitations à bon marché, qui limitent à 2 1/2 ou 3 °/° l'intérêt du capital investi, aucun de ces deux caractères. Ce sera, comme dit excellemment M. Coulon, quelque chose comme un acte de bonne camaraderie sociale.

6° Enfin on objecte que les colons célibataires ou chefs de famille entrant à 50 ans assez valides pour se livrer à un travail productif perdront leurs forces à mesure qu'ils vont avancer en âge. La société à créer aura évidemment à se préoccuper, dès qu'un colon deviendra invalide, de lui procurer un asile pour ses vieux jours. Elle se retournera alors vers les diaconats pour leur demander aide dans cette dernière étape de la vie de ses colons.

« Voici, disait en terminant son rapport M. Coulon, voici un projet d'organisation, qu'on en propose une meilleure et nous nous empresserons de nous y rallier; mais qu'on en propose une. Il n'est pas possible qu'un homme qui a un gîte, un vêtement chaud, qui mange à sa suffisance et n'a pas la préoccupation du lendemain, entende de sang-froid un autre homme lui dire : Je suis sans ressources; j'ai bon désir de travailler et cependant, non seulement je ne trouve pas du travail, mais j'ai perdu tout espoir d'en obtenir, que dois-je faire : mendier, voler ou mourir? »

Nous avons indiqué la solution proposée par MM. Coulon et Cheysson au Congrès de Bordeaux. Quelle sera maintenant celle de la Commission des « sans-travail » au Congrès des Diaconats?

CONCLUSION

Si la Commission décidait de prendre en considération la proposition de M. le professeur Gide, voici, peut-être, ce qui pourrait être tenté :

Elle commencerait par rédiger un appel à l'initiative de ses membres et de leurs amis pour constituer un premier fonds d'étude qui pourrait être de 3 à 4.000 fr. par exemple. Ce fonds serait destiné à rémunérer les travaux préparatoires et les démarches nécessaires pour la mise au point du projet *exécutable* d'une petite Colonie horticole protestante pour valides âgés aux environs de Paris.

Peut-être pourrait-on ouvrir, sur un programme précis et délimité par la Commission elle-même, un concours d'émulation avec récompense aux meilleurs travaux, ou encore mieux, faire les frais d'une mission d'investigation. Celle-ci serait confiée, si possible, à un homme appartenant à notre protestantisme, ayant une certaine expérience administrative et commerciale, ayant sur la culture maraîchère des notions suffisantes et ayant goût à cette science, auquel on pourrait confier ensuite la direction de l'œuvre et que cette perspective contribuerait à stimuler. Une fois le projet sérieusement établi, il faudrait trouver à acheter ou à louer une propriété répondant au but qu'on se propose. Ce serait là l'essentiel et non le plus facile. A cet effet un nouvel appel serait fait un peu partout pour demander qu'on signale toutes les occasions avantageuses. Ainsi opère l'abbé Lemire pour être informé des bons coins à acquérir (1). Une fois le bon coin trouvé on pourrait se rendre compte du chiffre exact du capital à investir dans l'entreprise. La Commission se concerterait alors et mettrait à exécution les mesures propres à l'obtention de ce capital.

Enfin la Commission aiderait par l'effort individuel de ses membres à la constitution d'une petite société qui serait chargée de fonder l'entreprise et d'en assurer le fonctionnement dans les meilleures conditions possibles.

Nous l'avons vu pour la Chalmelle. Si, en un siècle, entre mille projets plus ou moins vastes ou ingénieux, un seul à peu près a abouti dans notre pays, c'est peut-être simplement parce qu'on s'était donné ce jour-là la peine de le bien étudier, de le concrétiser, comme disent les allemands, de le situer dans l'espace et d'en prévoir, en temps voulu, les conditions de vie. Une entreprise bien étudiée est à moitié faite. Qu'on commence donc par trouver les fonds nécessaires pour la bien étudier.

Si cependant la Commission, estimant que son rôle ne doit pas être de pousser à une telle œuvre, parce qu'elle comporte pour le capital qui s'y consacrera les responsabilités

(1) Nous lisons dans le N° de janvier du *Coin de Terre et du Foyer*, que la Société des Jardins ouvriers de Paris et de la banlieue est en formation, qu'on négocie pour elles à Levallois l'acquisition d'un terrain de 500 mq. que la propriétaire, Mme Richard Béranger, cède à des conditions très avantageuses. Le trésorier de cette société, ajoute ce bulletin, est à la recherche des coins de terre et on peut lui écrire 31, rue d'Amsterdam. Aubervilliers, Levallois, Plaisance demandent des Jardins.

et les risques inhérents à toute entreprise, en quelque mesure, industrielle, elle trouvera peut-être intéressant de patronner tout au moins, à une plus modeste échelle, quelqu'œuvre analogue à celles que poursuit si heureusement l'abbé Lemire avec le concours des curés de province et des conférences de St-Vincent-de-Paul. Elle voudra peut-être intéresser aussi nos diaconats au développement de ce mode d'assistance par les jardins, dont la portée est assurément moindre que la Colonie proprement dite, mais qui est plus facile à réaliser à moindres frais et peines, et qui apporte dans les régions où il fonctionne une petite atténuation aux misères du chômage et de l'alcoolisme et contribue à faire renaître en France le sain amour du travail de la terre.

Dans un récent débat à la Chambre, un député d'extrême gauche, dont la vie publique s'est spécialement vouée aux questions de législation ouvrière, reprochait à ses amis politiques de laisser prendre au parti conservateur, dans le domaine des réformes sociales, des initiatives dont le parti socialiste a eu jusqu'ici l'honneur, presque le monopole. Si vives que soient nos sympathies pour ces ouvriers de la première heure (et nous sommes fiers d'en avoir parmi nous qui, eux aussi, ont *ouvert la porte)* nous pensons qu'il faut accueillir avec une égale joie dans le champ à peine ouvert des œuvres de solidarité, tous les nouveaux venus, quel que soit leur drapeau.

Tant mieux pour tous si, dans ce champ d'élection, les partis se battent à coups d'initiatives généreuses... dont nos « sans-travail » profiteront. C'est d'un semblable combat d'émulation entre socialistes et catholiques que sont sorties les associations agricoles belges. Et puisqu'il s'agit ici, non de nos partis politiques, mais de nos partis religieux, de ces associations que notre avant-garde appelle déjà des Fraternités, tant mieux pour tous, si nos églises, dédaignant de consacrer à la garde des privilèges et à l'échange des anathèmes si peu que ce soit de leurs forces, rivalisent entre elles de belles colonies et de beaux jardins d'assistance.

Ce jour-là, nos diaconats trouveront, eux aussi, dans la sphère agrandie de leur action sociale, loin des « demeures de l'orgueil » et des voies routinières qui y mènent, plus de cœur à l'ouvrage et plus de joie !